La volaille de Christian Constant

Connectez-vous sur :
www. lamartininière. fr

Conception graphique et mise en page : Rampazzo & associés

ISBN : 2-8307-0672-2

La volaille de Christian Constant

Photographies
Pierre Cabannes
Stylisme
Chantal Guillemain
Illustrations
Aurore de la Morinerie

Minerva

Sommaire

Le poulet

La pintade

Le canard

L'oie, le coq, la dinde, le chapon

La poule

Le pigeon et la palombe

La caille et le coquelet

Le gibier

Les œufs

Bouillons, jus et tours de main

On revient toujours à son enfance, aux goûts et aux odeurs qui lui sont attachés. Mon premier souvenir gastronomique est lié au poulet de ferme cuit à la broche, le dimanche.

C'est pourquoi, en hommage à mon grand-père et à ma mère, j'ai voulu consacrer ce livre à la volaille et au gibier à plumes.

Aujourd'hui, enrichi de mon expérience de chef cuisinier, j'ai tenté de retrouver le chemin de Layrac, village où j'ai grandi. J'espère que, comme moi, les amateurs de volaille retrouveront les saveurs et les parfums de l'enfance.

Christian Constant

Le poulet

CLUB-SANDWICH

Pour 4 personnes

Ingrédients

250 g de blancs de poulet
16 tranches de pain de mie
4 fines tranches de poitrine fumée
2 grosses tomates
8 olives noires
4 œufs
8 feuilles de laitue
1 cuillerée à soupe de moutarde
50 cl de bouillon de poule
(recette p. 168)
1 cuillerée à soupe de vinaigre
25 cl d'huile d'arachide
Sel
Poivre du moulin
8 piques en bois

- Faites pocher les blancs de poulet dans le bouillon de poule pendant 15 minutes, coupez-les en fines lamelles. Réservez au réfrigérateur. Vous pouvez utiliser du poulet froid de la veille.

- Faites durcir les trois œufs. Pendant ce temps, faites monter la mayonnaise avec un jaune d'œuf, la moutarde, le vinaigre et l'huile d'arachide, puis assaisonnez. Émincez finement la laitue et mélangez-la à la mayonnaise.

- Toastez les tranches de pain de mie. Étalez la chiffonnade de laitue sur douze tranches de pain de mie, puis disposez les fines lamelles de poulet, la tomate et l'œuf dur en lamelles par-dessus. Superposez trois tranches de pain de mie et terminez avec une tranche de pain toastée.

- Pressez légèrement et ôtez les bords des club-sandwich. Coupez-les en deux en forme de triangles et maintenez-les avec les piques en bois. Servez-les décorés d'olives noires et de tranches de poitrine préalablement dorées à la poêle.

POULET DE BRESSE TOUT SIMPLEMENT RÔTI

Pour 4 personnes

- Préchauffez votre four à 180 °C (th. 6).

- Farcissez le poulet avec le thym, le laurier et 2 gousses d'ail. Salez et poivrez. Faites-le revenir avec l'huile d'olive et la moitié du beurre dans une sauteuse allant au four. Mettez au four pendant 1 heure.

- Pendant ce temps, préparez les pommes Pont-Neuf. Taillez les pommes de terre en grosses frites. Faites-les confire dans la graisse d'oie pendant 20 minutes sur feu doux dans une poêle à revêtement antiadhésif. Faites-les colorer en les retournant régulièrement. Réservez au chaud.

- Retirez le poulet de la sauteuse, réservez-le au chaud et conservez son jus de cuisson. Faites revenir les échalotes, les queues de persil et les deux gousses d'ail restantes dans le jus de cuisson de la volaille. Dégraissez et déglacez avec le vin banc. Mouillez avec le bouillon de poule. Laissez réduire 15 minutes environ, puis ajoutez le beurre.

- Coupez le poulet et servez-le avec les pommes Pont-Neuf et le jus de volaille à part. Servez une salade verte en accompagnement.

Ingrédients

1 poulet de Bresse de 1,6 kg
1 kg de pommes de terre (Agria)
1 salade verte
50 g d'échalotes ciselées
4 gousses d'ail
1/2 bouquet de persil plat
2 brins de thym
2 feuilles de laurier
25 cl de bouillon de poule (recette p. 168)
1 litre de graisse d'oie
20 cl de vin blanc
70 g de beurre
10 cl d'huile d'olive
Fleur de sel
Poivre du moulin

AILERON DE POULET AU CURRY

Pour 4 personnes

Ingrédients

1,2 kg d'ailerons de poulet
200 g de riz basmati
3 tranches d'ananas frais
1 pomme golden
40 g de raisins secs
20 g d'amandes effilées
2 tomates
1 oignon pelé
3 pincées de curry
10 cl de lait de coco
20 cl de bouillon de poule
(recette p. 168)
5 cl d'huile d'olive
Sel
Poivre du moulin

- Dans une cocotte, faites revenir les ailerons de poulet dans l'huile d'olive. Ajoutez l'oignon émincé et le curry. Laissez compoter pendant 10 minutes sur feu doux. Ajoutez l'ananas et les pommes coupées en dés, ainsi que les tomates coupés en quartiers.

- Déglacez avec le lait de coco et le bouillon de poule. Poursuivez la cuisson pendant 10 minutes afin que la sauce réduise.

- Faites cuire le riz basmati dans l'eau salée en suivant les indications portées sur le paquet. Égouttez-le et parsemez-le d'amandes légèrement grillées et de raisins secs. Servez-le avec les ailerons, la sauce réduite et le riz basmati.

TAJINE DE POULET AU CITRON ET OLIVES NOIRES

Pour 4 personnes

- Faites infuser le thym, le laurier, les gousses d'ail entières, la peau du citron et de l'orange dans le bouillon de poule pendant 15 minutes. Ajoutez le mélange quatre-épices et le gingembre. Laissez cuire pendant 20 minutes sur feu doux.

- Dans un plat à tajine, faites revenir les morceaux de poulet dans l'huile d'olive. Ôtez les morceaux de poulet. À leur place, faites fondre les poivrons, les aubergines, les courgettes taillés en gros cubes et les oignons coupés en deux.

- Préchauffez votre four à 180 °C (th. 6).

- Déposez les morceaux de poulet sur les légumes et ajoutez quelques rondelles de citron confit et les olives noires. Mouillez avec la réduction de bouillon. Faites cuire au four pendant 40 à 50 minutes. Parsemez de pluches de coriandre ciselées. Servez aussitôt.

Ingrédients

1 poulet fermier de 1,6 kg
coupé en morceaux
1 poivron vert
1 poivron rouge
1 aubergine
2 courgettes
80 g d'olives noires
4 oignons nouveaux
3 gousses d'ail
1 citron
1 orange
1 citron confit
20 g de gingembre frais râpé
1 pincée de mélange quatre-épices
1 pincée de cannelle en poudre
1 pincée de safran en poudre
2 brins de thym
2 feuilles de laurier
1/2 bouquet de coriandre
50 cl de bouillon de poule
(recette p. 168)
5 cl d'huile d'olive
Sel
Poivre du moulin

VOLAILLE EN CROÛTE DE SEL

Pour 4 personnes

Ingrédients

1 poulet de Bresse de 1,6 kg
1 kg de gros sel
900 g de farine
4 œufs
1 jaune d'œuf
1 croûton de pain
2 gousses d'ail
1/2 bouquet de thym
1/2 bouquet de romarin
Poivre du moulin

- Dans un saladier, préparez la croûte de sel en mélangeant la farine avec le gros sel. Incorporez les œufs entiers, la moitié du thym et du romarin haché. Détendez la préparation avec un peu d'eau. Réservez au réfrigérateur pendant 2 heures environ.

- Frottez le croûton avec les gousses d'ail. Poivrez l'intérieur de la volaille et farcissez-la avec le croûton entier et le reste de thym et de romarin. Bridez la volaille de façon à ce que la peau referme bien toutes les ouvertures. Faites-la revenir et colorer dans une poêle sur feu doux avec une noisette de beurre.

- Préchauffez votre four à 210 °C (th. 7).

- Étalez la pâte à sel au rouleau et enveloppez-en entièrement la volaille. Badigeonnez-la de jaune d'œuf à l'aide d'un pinceau.

- Faites cuire au four pendant 1 heure 30. Une fois la cuisson terminée, brisez la croûte avec un couteau et coupez la volaille comme s'il s'agissait d'un poulet rôti.

SUPRÊME DE POULET CORDON-BLEU

Pour 4 personnes

Ingrédients

4 suprêmes (filets) de volaille de 140 g chacun
1 tranche de jambon blanc coupée en quatre
200 g de macaronis longs
2 œufs
4 anchois
4 olives noires
1 citron
8 tranches fines de gruyère
80 g de gruyère râpé
80 g de parmesan
50 g de farine
100 g de chapelure
20 cl de jus de volaille (recette p. 168)
25 cl de bouillon de poule (recette p. 168)
120 g de beurre
Fleur de sel
Poivre du moulin

- Ouvrez en deux les filets de volaille et farcissez-les chacun avec une tranche de gruyère, une tranche de jambon blanc et à nouveau une tranche de gruyère. Fermez les escalopes en rabattant les bords l'un sur l'autre. Passez-les dans la farine, les œufs battus, puis la chapelure.

- Faites cuire les macaronis dans le bouillon de poule pendant 9 minutes pour une cuisson al dente, puis égouttez-les. Sur une assiette de service, étalez les macaronis et parsemez-les de gruyère râpé, de copeaux de parmesan, de morceaux de beurre et de chapelure. Assaisonnez de fleur de sel et de poivre du moulin.

- Dans une poêle, faites cuire les suprêmes dans le beurre mousseux pendant 5 minutes de chaque côté. Faites gratiner les macaronis sous le gril du four. Disposez les escalopes par-dessus. Ajoutez le jus de volaille tout autour. Décorez avec les citrons coupés en rondelles, les anchois et les olives.

FRICASSÉE DE POULET AU VINAIGRE

Pour 4 personnes

- Passez au mixeur la carotte, l'oignon, le blanc de poireau, la branche de céleri et les gousses d'ail afin d'obtenir une fine brunoise de légumes.

- Assaisonnez les morceaux de poulet et poêlez-les dans une cocotte avec de l'huile d'olive pendant 5 minutes. Ajoutez la brunoise de légumes et laissez compoter pendant 10 minutes sur feu doux.

- Déglacez avec le vinaigre et ajoutez le bouillon de poule, le concentré de tomates, le thym et le laurier. Laissez cuire pendant 35 minutes environ sur feu doux.

- Pelez et lavez les pommes de terre, faites-les sauter en gros quartiers avec l'huile d'arachide et le beurre. Rectifiez l'assaisonnement du poulet et servez-le avec les pommes de terre sautées.

Ingrédients

1 poulet fermier de 1,8 kg
coupé en morceaux
600 g de pommes de terre nouvelles
1 carotte pelée
1 blanc de poireau
1 branche de céleri
1 oignon pelé
3 gousses d'ail
1 brin de thym
1 feuille de laurier
2 cuillerées à soupe de concentré
de tomates
10 cl de bouillon de poule
(recette p. 168)
10 cl de vinaigre de xérès
50 g de beurre
5 cl d'huile d'olive
5 cl d'huile d'arachide
Fleur de sel
Poivre du moulin

GÂTEAU DE FOIES DE VOLAILLE

Pour 4 personnes

Ingrédients

150 g de foies de volaille
2 œufs
1 gousse d'ail
1 échalote
5 feuilles de persil plat
2 cl de cognac
75 cl de crème liquide
20 g de beurre
Sel
Poivre du moulin

Pour la sauce

1/2 poireau
1/2 carotte
1/2 courgette
25 cl de crème liquide
Sel
Poivre du moulin

- Faites revenir les foies de volaille au beurre pendant 1 minute afin d'obtenir une cuisson rosée. Ajoutez le persil, l'ail et l'échalote hachés et déglacez au cognac. Passez le tout au mixeur, puis ajoutez les œufs et la crème liquide. Rectifiez l'assaisonnement.

- Faites cuire la préparation précédente au bain-marie dans des petits ramequins individuels pendant 15 minutes.

- Pendant ce temps, préparez la sauce. Taillez en julienne la carotte, le poireau et la courgette. Faites chauffer la crème liquide et faites-y cuire les légumes pendant 12 minutes sur feu doux.

- Au centre de chaque assiette de service, démoulez les gâteaux de foies de volaille encore chauds. Nappez-les de la julienne de légumes à la crème.

IRISH STEW

Pour 4 personnes

Ingrédients

1 poulet fermier de 1,6 kg
1 kg de pommes de terre
3 poireaux
3 oignons pelés
1 bouquet garni (thym, laurier, queue de persil, vert de poireau)
1 litre de bouillon de poule (recette p. 168)
25 cl de crème liquide
Sel
Poivre du moulin

- Demandez à votre volailler de désosser entièrement le poulet. Coupez-le en morceaux. Émincez finement les pommes de terre, les poireaux et les oignons.

- Dans un plat de service allant au four, disposez en alternant une couche de morceaux de volaille, salés et poivrés, et une couche de pommes de terre et d'oignons. Ajoutez le bouquet garni.

- Préchauffez votre four à 150 °C (th. 5).

- Mouillez avec le bouillon de poule, couvrez hermétiquement et faites cuire au four pendant 1 h 30.

- Retirez la volaille et le bouquet garni du plat. Mixez le bouillon avec les légumes. Faites chauffer cette préparation pendant 5 minutes avec la crème liquide. Rectifiez l'assaisonnement. Versez la sauce sur le poulet. Servez avec du riz basmati à part.

La pintade

SUPRÊME DE PINTADE AUX PÊCHES ET AUX AMANDES

Pour 4 personnes

Ingrédients

4 suprêmes (filets) de pintade avec os
2 pêches jaunes
50 g d'amandes entières concassées et grillées
500 g de haricots verts
1 oignon nouveau émincé
1 échalote hachée
1 bouquet de coriandre fraîche
1/2 bouquet de ciboulette ciselée
5 cl de vinaigrette de xérès (recette p. 169)
10 cl de jus de volaille (recette p. 168)
80 g de beurre
100 g de sucre
40 cl d'eau
Fleur de sel
Poivre du moulin

- Équeutez les haricots verts et faites-les cuire dans l'eau salée pendant 8 à 9 minutes. Rafraîchissez-les sous l'eau froide afin de fixer leur couleur.

- Portez à ébullition le sucre et l'eau. Pochez les pêches dans ce sirop pendant 10 minutes. Pelez-les. Réservez au réfrigérateur

- Préchauffez votre four à 210 °C (th. 7).

- Salez et poivrez les filets de pintade. Dans une sauteuse allant au four, faites-les colorer avec le beurre pendant 6 minutes sur feu vif. Enfournez pendant 7 à 8 minutes. Laissez reposer pendant 10 minutes.

- Pendant ce temps, préparez la salade de haricots verts. Plongez-les à nouveau dans l'eau bouillante pendant 2 minutes et égouttez-les (ou passez-les au four à micro-ondes quelques secondes). Dans un saladier, assaisonnez-les avec les 3/4 de la vinaigrette de xérès, l'échalote, l'oignon et la ciboulette. Salez et poivrez.

- Sur un plat de service, disposez la salade de haricots verts, puis ajoutez les quartiers de pêche tout autour. Désossez et émincez les filets puis disposez-les sur la salade.

- Parsemez de pluches de coriandre, puis ajoutez les amandes grillées. Versez un cordon de jus de volaille, préalablement détendu avec le reste de la vinaigrette de xérès.

FILET DE PINTADE AUX CERISES ET AUX PISTACHES

Pour 4 personnes

- Préchauffez votre four à 210 °C (th. 7).
- Demandez à votre volailler de préparer les filets de pintade avec os. Salez et poivrez les filets. Faites-les revenir avec 50 g de beurre dans une sauteuse allant au four. Terminez la cuisson au four pendant 15 minutes et laissez reposer pendant 10 minutes.
- Pelez l'oignon et la carotte et taillez-les en petits cubes. Dégraissez la sauteuse, ajoutez l'oignon, la carotte, le clou de girofle et le bouquet garni et laissez compoter pendant 5 minutes. Déglacez avec le vinaigre de xérès et le jus d'orange. Ajoutez 50 g de miel, le jus de volaille, le romarin et laissez infuser sur feu doux pendant 15 minutes. Passez la sauce dans un chinois. Rectifiez l'assaisonnement.
- Désossez les filets de pintade et badigeonnez-les de sauce côté peau. Disposez-les dans un plat allant au four, ajoutez les pistaches concassées et quelques cerises, puis enfournez pendant 5 minutes.
- Préparez les croquettes. Coupez les foies de volaille en gros morceaux et faites-les sauter avec 50 g de beurre pendant 3 minutes, ils doivent garder leur couleur rosée. Ajoutez le persil haché et l'échalote ciselée. Salez et poivrez. Versez la préparation dans un saladier. Ajoutez la chapelure, les pistaches et l'œuf battu. Formez des petits galets. Poêlez-les sur les deux côtés au beurre sur feu doux pendant 3 minutes environ.
- Faites cuire les épinards au beurre pendant 5 minutes. Poêlez les cerises et déglacez la poêle avec 30 g de miel. Au milieu des assiettes de service, disposez les épinards et les croquettes de foies de volaille. Dressez les filets de pintade par-dessus, parsemez de cerises et versez un cordon de sauce tout autour.

Ingrédients

4 filets de pintade fermière avec os
200 g de cerises dénoyautées
70 g de pistaches mondées
1 kg d'épinards frais
1 oignon
1 carotte
1 orange
1 clou de girofle
1 bouquet garni (thym, laurier, persil, poireau)
1 branche de romarin
1 pincée de cannelle en poudre
20 cl de jus de volaille (recette p. 168)
3 cl de vinaigre de xérès
80 g de miel d'acacia
100 g de beurre
Sel
Poivre du moulin

Pour les croquettes de foies de volaille
100 g de foies de volaille
50 g de pistaches hachées mondées
1 œuf
1 échalote ciselée
50 g de persil frais haché
50 g de chapelure

PINTADE FERMIÈRE AUX POINTES D'ASPERGES

Pour 4 personnes

■ Demandez à votre volailler de vider, flamber et brider la pintade.

■ Lavez les pommes de terre et faites-les cuire avec leur peau dans l'eau salée pendant 20 minutes. Réservez.

■ Préchauffez votre four à 210 °C (th. 7).

■ Huilez, beurrez, salez et poivrez la pintade. Mettez-la dans un plat allant au four avec le thym, le laurier, la gousse d'ail et l'échalote ciselée. Enfournez pendant 40 minutes.

■ Ciselez les échalotes et la ciboulette. Épluchez les pointes d'asperges et pelez les carottes. Lavez et coupez les champignons en quartiers. Réservez au réfrigérateur.

■ Pelez les pommes de terre et taillez-les en biseaux de 5 mm environ. Badigeonnez les rondelles d'huile de noix et quadrillez-les sur le gril ou dorez-les rapidement à la sauteuse.

■ Ôtez la pintade du plat et laissez reposer 15 minutes.

Ingrédients

1 pintade fermière de 1,8 kg
400 g de pommes de terre rattes
100 g de champignons de Paris
300 g de pointes d'asperges
8 carottes fanes
2 échalotes
1 bouquet de ciboulette
1 brin de thym
1 feuille de laurier
1 gousse d'ail
40 cl de jus de volaille
(recette p. 168)
80 g de beurre clarifié
100 g de beurre
10 cuillerées à soupe d'huile de noix
50 cl d'huile d'arachide
Fleur de sel
Poivre du moulin

- Disposez les pommes de terre les unes à côté des autres dans un plat à gratin. Couvrez à mi-hauteur avec 15 cl de jus de volaille et faites cuire au four pendant 5 minutes en les arrosant régulièrement pour leur donner un aspect brillant.

- Disposez les carottes dans une sauteuse avec le beurre clarifié et faites-les cuire 15 minutes environ sur feu doux. Réservez au chaud.

- Poêlez les asperges au beurre pendant 10 minutes environ. Salez et poivrez. Retournez-les régulièrement pour leur donner une coloration uniforme.

- Faites sauter les champignons au beurre pendant 2 à 3 minutes. Salez et poivrez.

- Dégraissez le plat de cuisson de la pintade et déglacez-le avec 25 cl de jus de volaille. Passez au chinois et réservez au chaud.

- Disposez les asperges, les carottes, les champignons dans le plat de service. Répartissez les pommes de terre et déposez par-dessus la pintade rôtie. Parsemez de ciboulette ciselée et arrosez de jus de pintade.

SUPRÊME DE PINTADE RÔTIE ET CLUB-SANDWICH

Pour 4 personnes

Ingrédients

- 4 suprêmes (filets) de pintade fermière de 180 g chacun
- 6 tranches de pain d'épices
- 2 pommes golden
- 1 carotte
- 1 botte d'oignons nouveaux
- 1 oignon
- 20 g de graines de sésame
- 1 bouquet garni (thym, laurier, persil, blanc de poireau)
- 30 cl de jus de volaille (recette p. 168)
- 10 cl de vin blanc
- 10 cl de crème liquide
- 100 g de beurre
- 5 cl d'huile d'arachide
- 50 g de sucre
- Fleur de sel
- Poivre du moulin

■ Demandez à votre volailler de préparer les filets de pintade. Salez et poivrez les filets, puis faites-les revenir de chaque côté dans une cocotte allant au four. Couvrez et laissez cuire sur feu doux pendant 15 minutes en les arrosant régulièrement. Ajoutez le bouquet garni, l'oignon et la carotte coupés en dés et laissez cuire encore pendant 10 minutes.

■ Préchauffez votre four à 210 °C (th. 7).

■ Ôtez les filets de pintade de la cocotte. Laissez-les reposer dans du papier d'aluminium. Dégraissez et déglacez la sauteuse avec le vin blanc et le cognac. Mouillez avec le jus de volaille et la crème liquide, puis laissez réduire à feu doux. Ajoutez le jus des filets qui s'écoule dans le papier d'aluminium. Passez ce mélange au chinois et réservez au chaud.

■ Saupoudrez les filets de pintade de graines de sésame. Enfournez pendant 2 minutes, puis réservez au chaud. Pelez et émincez finement les oignons nouveaux, faites-les suer au beurre sans laisser colorer. Assaisonnez et réservez au chaud.

■ Pelez et évidez les pommes. Coupez-les en deux, émincez-les finement et saupoudrez-les de sucre. Faites-les cuire pendant 10 minutes au four.

■ Faites griller les tranches de pain d'épices. Étalez une fine couche d'oignons sur 4 tranches de pain d'épices et ajoutez l'équivalent d'une moitié de pomme émincée. Superposez 2 tranches et terminez avec les deux dernières tranches simplement grillées.

■ Pressez légèrement les clubs, ôtez les bords et coupez les sandwichs en deux morceaux. Coupez les filets en deux, disposez-les dans un plat de service, ajoutez les clubs et un cordon de sauce tout autour.

SOUPIÈRE DE PINTADE AUX MARRONS

Pour 4 personnes

Ingrédients

1 pintade de 1,8 kg
150 g de pâte feuilletée
1 bocal de marrons cuits au naturel
1 boule de céleri
1 carotte pelée
200 g de petits oignons nouveaux
1 oignon pelé
1 gousse d'ail
1 brin de thym
1 jaune d'œuf
1 citron
25 cl de crème liquide
30 cl de jus de volaille
(recette p. 168)
10 cl de vin blanc
10 cl d'huile d'arachide
Sel
Poivre du moulin

- Demandez à votre volailler de flamber, vider et couper la pintade. Salez et poivrez les morceaux de pintade dans une sauteuse. Faites-les colorer à l'huile d'arachide pendant 10 minutes.

- Taillez l'oignon et la carotte en petits cubes. Ajoutez l'oignon, la carotte, la gousse d'ail hachée et le thym au contenu de la sauteuse. Laissez mijoter pendant 5 minutes. Ôtez les morceaux de pintade.

- Dégraissez légèrement la sauteuse, déglacez-la avec le vin blanc et le jus de volaille. Laissez réduire pendant 10 minutes, puis passez au chinois. Réservez.

- Préchauffez votre four à 180 °C (th. 6).

- Dans une cocotte, faites rissoler les petits oignons et les marrons égouttés dans le beurre. Déglacez avec le jus de pintade, puis disposez les morceaux de pintade sur la garniture. Couvrez avec la pâte feuilletée étalée et badigeonnée d'œuf. Terminez la cuisson au four pendant 30 minutes.

- Pendant ce temps, coupez le céleri en morceaux, citronnez-le légèrement et faites-le cuire dans le lait pendant 30 minutes. Égouttez, mixez, puis ajoutez la crème liquide et le beurre. Servez la cocotte directement sur table et la purée de céleri à part.

PINTADE RÔTIE AU CHOU

Pour 4 personnes

■ Faites blanchir le chou dans l'eau bouillante salée pendant 10 minutes. Rafraîchissez-le à l'eau courante et taillez-le en grosses lanières. Réservez. Pelez et lavez la carotte, le céleri et les oignons et taillez-les en petits cubes.

■ Coupez les gésiers et la poitrine en morceaux. Dans une sauteuse allant au four, versez la graisse des gésiers. Faites-y suer la poitrine et les petits cubes de carotte, de céleri et d'oignon. Ajoutez le chou, puis les gésiers. Assaisonnez légèrement. Laissez compoter pendant 10 minutes environ.

■ Préchauffez votre four à 180 °C (th. 6).

■ Dans une autre sauteuse, faites colorer la pintade avec le beurre en commençant par les cuisses, puis le dos. Déposez-la sur le chou. Déglacez la sauteuse avec le bouillon de poule, le thym, le laurier, l'ail et les échalotes.

■ Versez la compotée de chou sur la volaille. Enfournez pendant 50 minutes. Servez aussitôt directement dans la sauteuse de cuisson.

Ingrédients

1 pintade fermière de 1,8 kg
200 g de gésiers de volaille confits
150 g de poitrine fumée
1 chou vert
1 carotte
2 branches de céleri
3 oignons blancs
5 échalotes ciselées
3 gousses d'ail hachées
1 branche de thym
1 feuille de laurier
20 cl de bouillon de poule
(recette p. 168)
100 g de beurre
Fleur de sel
Poivre du moulin

BONBONS DE PINTADE AUX PRUNEAUX

Pour 4 personnes

- Pochez les filets de pintade dans le bouillon de volaille pendant 10 minutes sur feu doux, puis réservez au réfrigérateur.

- Coupez le fromage de chèvre en petits dés et mélangez-le avec le curry et le basilic. Salez et poivrez. Formez des petites olives et réservez au réfrigérateur. Coupez les pruneaux en quatre.

- Émincez les filets de pintade en fines tranches. Déposez sur chaque tranche une olive de fromage et un morceau de pruneau et roulez l'ensemble de façon à obtenir une grosse olive de farce.

- Disposez les carrés de pâte sur le plan de travail, badigeonnez-les d'eau à l'aide d'un pinceau, puis déposez au milieu de chacun d'entre eux un morceau de farce. Roulez la pâte à ravioles autour des olives de farce en pinçant les extrémités en forme de bonbon.

- Faites chauffer la friteuse à 180 °C. Plongez-y les bonbons pendant 1 minute, puis déposez-les sur du papier absorbant.

- Dressez les bonbons dans un saladier, ajoutez la fleur de sel et un tour de moulin à poivre. Servez avec une salade de pousses d'épinards et de blettes assaisonnée avec la vinaigrette de xérès.

Ingrédients

16 pièces de pâte à ravioles chinoises
200 g de filets de pintade
70 g de fromage de chèvre frais
4 pruneaux dénoyautés
1 pincée de curry en poudre
4 feuilles de basilic
100 g de pousses d'épinards
50 g de pousses de blettes
25 cl de bouillon de poule
(recette p. 168)
5 cl de vinaigrette de xérès
(recette p. 169)
Fleur de sel
Poivre du moulin

STEAK DE PINTADE AU POIVRE MIGNONNETTE

Pour 4 personnes

Ingrédients

4 filets de pintade de 150 g environ
1,2 kg de pommes de terre ratte
1 bouquet de persil plat
1/2 bouquet de ciboulette
20 cl de jus de volaille
(recette p. 168)
3 cl de cognac
15 cl de crème liquide
100 g de beurre
2 cuillerées à café
de poivre mignonnette
Fleur de sel
Poivre du moulin

- Lavez les pommes de terre et faites-les à cuire à l'eau bouillante salée pendant 30 minutes. Rafraîchissez-les légèrement, pelez-les puis écrasez-les à la fourchette. Incorporez 80 g de beurre et 10 cl de crème liquide. Salez, poivrez, puis ajoutez le persil haché et la ciboulette ciselée. Réservez au chaud.

- Assaisonnez les filets de pintade avec la moitié du poivre mignonnette et le sel. Poêlez-les dans une sauteuse avec 20 g de beurre et faites cuire pendant 5 minutes de chaque côté sur feu doux. Débarrassez les filets, dégraissez la sauteuse et ajoutez le reste du poivre mignonnette. Laissez frémir pendant 1 minute sur feu doux.

- Déglacez avec le cognac, le jus de volaille et 5 cl de crème liquide. Laissez réduire pendant 5 minutes. Disposez le moelleux de pommes de terre au milieu de l'assiette de service et les filets par-dessus. Versez un cordon de sauce tout autour.

FILET DE PINTADE RÔTI AUX ÉPICES TANDOORI

Pour 4 personnes

- La veille, mélangez le jus de citron avec le yaourt nature, puis ajoutez les épices tandoori. Salez et poivrez. Badigeonnez les blancs de pintade avec cette préparation. Laissez mariner pendant 24 heures.
- Le lendemain, préparez la sauce vierge. Dans un grand bol, émulsionnez le jus du citron vert et l'huile d'olive. Ajoutez le safran. Émincez finement les filets d'anchois, les olives, la tomate, le basilic et l'oignon. Incorporez le tout à la vinaigrette. Rectifiez l'assaisonnement si nécessaire.
- Faites cuire le riz basmati dans l'eau salée pendant 18 minutes.
- Préchauffez votre four à 210 °C (th. 7).
- Faites dorer les blancs de pintade 3 à 4 minutes de chaque côté dans une cocotte allant au four. Terminez la cuisson au four pendant 10 minutes.
- Étalez la sauce vierge au fond de chaque assiette de service, puis disposez par-dessus les blancs de pintade. Parsemez de pluches de coriandre. Servez le riz basmati à part.

Ingrédients

4 filets de pintade de 150 g chacun
200 g de riz basmati
1 yaourt nature
1 citron vert
20 g d'épices tandoori
1 branche de coriandre fraîche
Sel
Poivre du moulin

Pour la sauce vierge
2 filets d'anchois
10 olives noires dénoyautées
1 tomate mûre
1 oignon nouveau
1 pincée de safran en poudre
3 feuilles de basilic
1 citron vert
10 cl d'huile d'olive

Le canard

POT-AU-FEU DE FOIE GRAS AU JURANÇON

Pour 6 personnes

Le foie gras doit passer trois jours au réfrigérateur avant d'être servi et l'utilisation d'un thermomètre est indispensable.

- Faites mariner le foie gras pendant 24 heures dans le lait au réfrigérateur. Égouttez-le et parsemez-le de gros sel, puis remettez-le au frais pendant 24 heures.

- Débarrassez le foie gras de l'excédent de sel et faites-le pocher dans le bouillon de bœuf à 60 °C pendant 1 heure environ, le foie gras doit atteindre la température de 57 °C à cœur.

- Ôtez le foie gras du bouillon et laissez-le refroidir pendant 30 minutes. Enveloppez-le ensuite dans du film alimentaire et déposez-le dans une terrine.

- Dégraissez le bouillon de bœuf chaud et ajoutez les feuilles de gélatine préalablement ramollies dans de l'eau froide. Ajoutez le jurançon et rectifiez l'assaisonnement. Recouvrez le foie de ce bouillon et conservez-la terrine pendant 24 heures au réfrigérateur.

- Servez le foie gras escalopé et assaisonné de fleur de sel et d'un tour de moulin à poivre. Accompagnez avec la gelée légèrement hachée et les raisins et les pruneaux préalablement gonflés dans du jurançon.

Ingrédients

500 g de foie gras de canard cru
50 g de raisins secs
50 g de pruneaux
50 g d'abricots secs
1 litre de lait
1,5 litre de bouillon de bœuf (en cubes)
10 cl de jurançon
15 g de feuilles de gélatine
150 g de gros sel
Fleur de sel
Poivre du moulin

FOIE GRAS AU PAIN D'ÉPICES

Pour 6 personnes

Ingrédients

500 g de foie gras de canard cru
150 g de pain d'épices
2 coings
2 jaunes d'œufs
20 cl de jus de volaille
(recette p. 168)
3 cl de vinaigre de xérès
80 g de beurre
130 g de sucre semoule
40 cl d'eau
Fleur de sel
Poivre du moulin

- Préchauffez le four à 80 °C (th. 2).

- Coupez le pain d'épices en petits cubes et faites-les sécher pendant 2 à 3 heures dans le four éteint. Réduisez-les en une fine chapelure dans un robot.

- Pelez et taillez les coings en quartiers. Réalisez un sirop en portant à ébullition 100 g de sucre et l'eau. Faites-y cuire les coings pendant 15 minutes sur feu doux (il ne doit pas y avoir de résistance lorsque vous les piquez avec la pointe d'un couteau).

- Préchauffez votre four à 210 °C (th. 7).

- Salez et poivrez le foie gras et enfournez-le pendant 10 minutes en le retournant pendant la cuisson pour le faire dorer des deux côtés. Trempez le foie gras rôti dans le jaune d'œuf, puis dans la chapelure de pain d'épices. Faites colorer dans une poêle à revêtement antiadhésif avec un peu de beurre. Laissez colorer sa croûte pendant 2 à 3 minutes sur feu doux, puis réservez-le au chaud.

- Dégraissez la poêle et déglacez-la avec le vinaigre de xérès. Laissez réduire, ajoutez le jus de volaille, puis rectifiez l'assaisonnement. Incorporez le beurre. Passez au chinois. Faites sauter les coings au beurre en ajoutant le sucre afin qu'ils caramélisent. Servez les coings autour du foie gras avec la sauce à part.

CANARD RÔTI AU MIEL ET À L'ORANGE

Pour 4 personnes

Ingrédients

1 canard de 2,5 kg
5 oranges
1 citron
1 carotte
1 oignon
1 bouquet garni (thym, laurier, queues de persil, vert de poireau)
2 cuillerées à soupe de miel d'acacia
30 cl de jus de volaille (recette p. 168)
1 verre de liqueur de Grand Marnier
5 cl de vin blanc
2 cuillerées à soupe de vinaigre de xérès
50 g de beurre
Fleur de sel
Poivre du moulin

- Prélevez le zeste de deux oranges à l'aide d'un économe. Blanchissez-les dans l'eau bouillante pendant 3 minutes. Réservez. Pelez et émincez l'oignon et la carotte. Réservez.

- Dans une cocotte, faites revenir le canard dans le beurre en le retournant régulièrement. Jetez la graisse et remettez le canard dans la cocotte avec l'oignon, la carotte, le bouquet garni, la moitié des zestes d'orange, puis ajoutez le vin blanc et le jus de volaille.

- Préchauffez votre four à 180 °C (th. 6).

- Couvrez la cocotte et faites cuire pendant 40 minutes au four en arrosant le canard de temps en temps.

- Pelez à vif trois oranges et coupez-les en quartiers. Levez les suprêmes (quartiers de chair entre les peaux) en gardant le jus qui s'écoule.

- En fin de cuisson du canard, arrosez le canard de Grand Marnier et poursuivez la cuisson pendant encore 10 minutes. Mettez le canard dans un plat allant au four et réservez au chaud.

- Versez le jus de cuisson dans une casserole en y ajoutant le jus de citron, le jus des deux oranges, dont vous aviez prélevé les zestes, le vinaigre de xérès et le miel. Laissez mijoter pendant 10 minutes.

- Nappez le canard avec la moitié de cette sauce et faites-le caraméliser pendant 5 à 6 minutes au four en l'arrosant régulièrement. Ajoutez le reste des zestes et les suprêmes d'oranges au reste de la sauce et rectifiez l'assaisonnement si nécessaire. Servez le canard avec des pommes gaufrettes.

AIGUILLETTES DE CANARD AUX GRAINES DE SÉSAME

Pour 6 personnes

Ingrédients

6 aiguillettes de canard
de 150 g chacune
250 g de semoule moyenne
2 poivrons rouges
2 poivrons verts
1 gousse d'ail
3 branches de thym frais
Fleurs de thym
1 feuille de laurier
20 g de graines de sésame
30 cl de jus de canard
(recette p. 169)
5 cl de vinaigre de xérès
8 cl d'huile d'olive
Fleur de sel
Poivre du moulin

- Faites colorer les graines de sésame sous le gril du four. Coupez et épépinez les poivrons, taillez-les en fine brunoise et faites-les revenir quelques minutes dans l'huile d'olive. Salez et poivrez.

- Poêlez les aiguillettes de canard en commençant par le côté peau et en les retournant à mi-cuisson. Retirez la peau délicatement. Grainez la semoule dans un grand plat avec de l'huile d'olive.

- Portez à ébullition 40 cl d'eau, ajoutez le thym, le laurier et l'ail pelé, puis laissez infuser quelques minutes hors du feu.

- Passez au chinois au-dessus de la semoule, couvrez et laissez gonfler. Assaisonnez de vinaigre de xérès et parsemez de fleurs de thym.

- Répartissez la semoule au centre des assiettes de service, posez les aiguillettes par-dessus et recouvrez de brunoise de poivrons et de graines de sésame. Versez le jus de canard tout autour.

CRÈME DE HARICOTS TARBAIS GLACÉE ET PARFUMÉE

Pour 6 personnes

- Préparez la crème de haricots tarbais. Pelez l'oignon, la carotte et les gousses d'ail. Piquez l'oignon d'un clou de girofle et mettez le tout dans une casserole. Ajoutez les haricots tarbais préalablement lavés et égouttés, le bouquet garni et la poitrine fumée. Versez le bouillon et la crème liquide. Salez et poivrez. Laissez cuire sur feu doux pendant 1 h 30 en écumant régulièrement.

- Pendant ce temps, préparez la royale. Passez le foie gras au tamis. Ajoutez la crème épaisse, l'œuf et les deux jaunes. Salez, poivrez et mélangez.

- Préchauffez votre four à 80-100 °C (th. 2-3).

- Répartissez la royale dans les assiettes creuses de service. Faites cuire au four au bain-marie pendant 30 minutes. La préparation ne doit pas bouillir. Réservez au réfrigérateur.

- Égouttez les haricots tarbais et passez le jus de cuisson au chinois en pressant légèrement avec une louche, laissez refroidir et réservez au réfrigérateur.

- Ciselez la ciboulette et hachez finement le romarin. Taillez les tranches de pain de mie en petits dés, poêlez-les dans le beurre clarifié. Égouttez.

- Dans des assiettes creuses, répartissez sur la royale de foie gras, les croûtons, la ciboulette et le romarin. Présentez la crème de haricots tarbais dans une soupière et servez à l'anglaise.

Ingrédients

Pour la crème de haricots tarbais

1 kg de haricots tarbais
200 g de poitrine fumée
1 carotte
1 oignon
3 gousses d'ail
1 clou de girofle
1 bouquet de ciboulette
1 branche de romarin
1 bouquet garni (thym, laurier, vert de poireau, persil plat)
2 tranches de pain de mie
1 litre de bouillon de canard (recette p. 168)
50 cl de crème liquide
100 g de beurre clarifié
Sel
Poivre du moulin

Pour la royale de foie gras de canard

80 g de foie gras de canard cuit
1 œuf
2 jaunes d'œufs
1 cuillerée à soupe de crème épaisse
Sel
Poivre du moulin

FILET DE CANARD ET PARMENTIER DE CUISSES

Pour 4 personnes

■ Préchauffez votre four à 180 °C (th. 6).

■ Salez et poivrez les cuisses de canard, puis mettez-les dans un plat avec une gousse d'ail, le thym et le laurier. Faites cuire au four pendant 40 minutes environ.

■ Retirez la peau des cuisses de canard, désossez-les et mettez la chair dans une sauteuse. Mouillez avec la moitié du jus de canard et laissez réduire jusqu'à ce que la chair soit confite. Ajoutez la ciboulette ciselée et réservez au chaud.

■ Faites cuire à l'eau les pommes de terre avec la peau, avec 2 gousses d'ail, le thym et le laurier pendant 30 minutes. Pelez à chaud les pommes de terre, écrasez leur chair. Salez et poivrez. Incorporez la crème liquide et le beurre chaud. Réservez.

■ Mélangez la salade de mâche et la frisée, puis assaisonnez-les avec la vinaigrette de xérès, la ciboulette et l'échalote ciselées. Réservez.

■ Saisissez les magrets côté peau pendant 4 à 5 minutes. Retournez-les. Salez, poivrez et laisez-les cuire pendant 5 à 10 minutes, selon votre goût. Mixez les foies de canard avec le reste du jus de canard. Rectifiez l'assaisonnement.

■ Disposez dans chaque assiette la purée de pommes de terre et déposez le confit de cuisse par-dessus. Ajoutez un magret coupé en deux dans le sens de la longueur et versez le jus de canard tout autour. Répartissez la salade et assaisonnez de fleur de sel et d'un tour de moulin à poivre.

**** Le canard de Challans est incontestablement un des meilleurs mais vous ne le trouverez qu'entier chez votre volailler. Pour cette recette vous n'utiliserez que les cuisses (4), les magrets (4) et les foies (2). Vous pouvez, évidemment, utiliser une autre qualité de canard vendu à la coupe.***

Ingrédients

2 canards de Challans*
de 2,5 kg chacun
1 kg de pommes de terre ratte
3 gousses d'ail
1 échalote
3 brins de thym
2 feuilles de laurier
1/2 bouquet de ciboulette
50 g de mâche
1/2 frisée bien jaune
40 cl de jus de canard
(recette p. 169)
5 cl de vinaigrette de xérès
(recette p. 169)
10 cl de crème liquide
100 g de beurre
Fleur de sel
Poivre du moulin

HACHIS PARMENTIER DE CANARD ET JOUE DE BŒUF

■ Faites cuire la joue de bœuf comme pour un pot-au-feu avec la carotte, un oignon et le bouquet garni.

■ Plongez la tomate pendant 15 secondes dans l'eau bouillante, passez-la immédiatement sous l'eau froide, puis pelez-la. Ciselez un oignon, hachez la gousse d'ail et faites-les suer dans l'huile d'olive, puis ajoutez la tomate, le thym et le laurier. Assaisonnez et laissez cuire pendant 40 minutes sur feu doux.

■ Préchauffez votre four à 210 °C (th. 7).

■ Enlevez la peau et les os des cuisses de canard et émiettez la joue de bœuf. Émincez et faites suer, dans une sauteuse allant au four, le dernier oignon et les échalotes. Ajoutez les morceaux de confit et la joue de bœuf, puis laissez compoter sur feu doux. Mouillez avec le vin rouge et le jus de canard. Ajoutez la tomate concassée et laissez au four pendant 1 heure. Rectifiez l'assaisonnement et réservez au chaud.

■ Faites cuire les pommes de terre pendant 30 minutes dans l'eau bouillante. Pelez-les, écrasez leur chair. Salez et poivrez. Incorporez la crème liquide et le beurre chaud. Réservez.

■ Au fond d'un plat à gratin, étalez la moitié de la purée. Ajoutez par-dessus le hachis de canard et recouvrez avec le reste de la purée. Parsemez de chapelure et de parmesan râpé. Enfournez pendant 10 minutes pour colorer le gratin.

■ Pendant ce temps, poêlez les escalopes de foie gras et disposez-les sur le gratin avant de servir.

Pour 6 personnes

Ingrédients

400 g de joue de bœuf
3 cuisses de canard confites
6 escalopes de foie gras de canard de 50 g chacune
1 kg de pommes de terre ratte
2 tomates
1 carotte
3 oignons
2 échalotes
1 gousse d'ail
1/2 bouquet de persil plat
1 bouquet garni (thym, laurier, queue de persil, vert de poireau)
20 g de chapelure
30 g de parmesan râpé
10 cl de crème liquide
20 cl de jus de canard (recette p. 169)
10 cl de vin rouge
150 g de beurre
10 cl d'huile d'olive
Sel
Poivre du moulin

HURE DE FOIE GRAS DE CANARD AU BOUILLON

Pour 4 personnes

Ingrédients

4 escalopes de foie gras cru
de canard de 50 g chacune
200 g de foie gras de canard cuit
100 g de cèpes
10 châtaignes cuites et pelées
50 g de croûtons de pain
de mie grillés
50 cl de bouillon de canard
(recette p. 168)
Fleur de sel
Poivre du moulin

- Pelez, lavez les cèpes et coupez-les en rondelles de 2 à 3 millimètres d'épaisseur. Faites-les sauter dans l'huile sans trop les colorer.

- Faites bouillir le bouillon de canard. Hors du feu, incorporez le foie gras cuit coupé en petits morceaux et mixez le tout. Rectifiez l'assaisonnement. Réservez au chaud.

- Salez et poivrez les escalopes de foie gras. Poêlez-les pendant 1 minute de chaque côté dans une poêle à revêtement antiadhésif. Réservez-les sur du papier absorbant.

- Dans des assiettes creuses, disposez les châtaignes coupées en deux, les cèpes, les croûtons et les escalopes de foie gras.
Versez le bouillon de foie gras dans une soupière. Servez aussitôt.

Si les truffes fraîches sont arrivées, vous pouvez râper quelques lamelles sur le dessus, ça n'en sera que plus savoureux.

CARPACCIO DE MAGRET DE CANARD AUX CÈPES

Pour 4 personnes

Ingrédients

500 g de magrets de canard
80 g de foie gras de canard cuit
250 g de cèpes bouchon
50 g de pousses d'épinards
2 échalotes
1/2 bouquet de ciboulette
10 g de pignons de pin
50 g de parmesan
2 cuillerées à soupe de croûtons
2 citrons
10 cl d'huile d'olive
5 cl de vinaigrette de xérès
(recette p. 169)
10 cl d'huile d'olive
Fleur de sel
Poivre du moulin

- Enlevez la peau et le nerf des magrets de canard. Émincez-les et disposez-les entre deux films. Tapez avec le plat du couteau pour les affiner au maximum et réservez. Lavez et pelez les cèpes.

- Préparez une marinade en mélangeant l'huile d'olive et le jus des citrons. Salez et poivrez. Lavez les pousses d'épinards et assaisonnez-les avec la vinaigrette de xérès.

- Sur un plat de service, déposez une couche de magrets de canard, puis une couche de cèpes. Enduisez d'une couche de marinade à l'aide d'un pinceau. Ajoutez ensuite les échalotes et la ciboulette ciselées ainsi que les croûtons. Au centre, disposez les pousses d'épinards. Parsemez de copeaux de parmesan, de dés de foie gras et de pignons. Rectifiez l'assaisonnement avec de la fleur de sel et du poivre du moulin.

L'oie

le coq, la dinde, le chapon

DEMOISELLE D'OIE RÔTIE

Pour 4 personnes

Ingrédients

4 carcasses d'oie
2 gousses d'ail
1 bouquet de persil plat
100 g de chapelure
10 cl d'huile d'arachide
Fleur de sel
Poivre du moulin

- Pelez et hachez l'ail. Effeuillez le persil et concassez-le grossièrement. Mélangez-le à l'ail et à la chapelure.

- Préchauffez votre four à 240 °C (th. 8).

- Salez et poivrez les carcasses d'oie et arrosez-les d'huile d'arachide. Faites-les rôtir au four pendant 7 à 8 minutes environ. Saupoudrez-les de chapelure à l'ail et au persil et poursuivez la cuisson pendant 2 à 3 minutes.

- Servez les carcasses sur de grandes assiettes en prévoyant de grands tabliers pour chaque convive.

Cette recette est une spécialité du Sud-Ouest. On se régale avec les carcasses d'oie que l'on découpe pour réaliser les confits et les magrets.

CUISSE D'OIE ET RAGOÛT DE LENTILLES À LA VENTRÈCHE

- Frottez les cuisses d'oie avec la tête d'ail coupée en deux. Salez et poivrez. Faites chauffer la graisse d'oie dans une cocotte, puis saisissez les cuisses d'oie des deux côtés afin d'obtenir une coloration uniforme.

- Préchauffez votre four à 180 °C (th. 6).

- Émincez l'oignon et ajoutez-le à la viande avec la tête d'ail, le thym et le laurier. Flambez au cognac et ajoutez 1/4 du bouillon de poule. Enfournez la cocotte et faites braiser au four en couvrant pendant 1 heure 45.

- Taillez la ventrèche en petits lardons, émincez la carotte et le poireau en petits cubes et réservez. Sortez les cuisses d'oie de la cocotte, dégraissez le fond, puis passez au chinois.

- Dans la cocotte de braisage, ajoutez la ventrèche, la carotte et le poireau. Faites suer pendant 2 minutes, ajoutez les lentilles, puis arrosez du bouillon restant, du vin rouge et du bouillon de braisage.

- Portez à ébullition et ajoutez les cuisses d'oie. Terminez la cuisson pendant 50 minutes au four en couvrant. En fin de cuisson, rectifiez l'assaisonnement et parsemez de persil plat haché.

Pour 4 personnes

Ingrédients

2 cuisses d'oie de 500 g chacune
150 g de ventrèche
400 g de lentilles
1 carotte pelée
1 blanc de poireau
1 oignon pelé
1 tête d'ail
2 brins de thym
1 feuille de laurier
1 botte de persil plat haché
1 litre de bouillon de poule
(recette p. 168)
20 g de graisse d'oie
15 cl de vin rouge
2 cl de cognac
Fleur de sel
Poivre du moulin

DINDE AUX MARRONS

Pour 4 personnes

Ingrédients

1 dinde de 4 kg
150 g de mini-chipolatas
150 g de mini-boudins noirs
150 g de mini-boudins blancs
50 g de truffes
200 g de marrons
5 cl de cognac
200 g de beurre en pommade
20 g de beurre
10 cl d'huile d'arachide
Sel
Poivre du moulin

- Demandez à votre volailler de préparer la dinde, de couper les pattes en retirant tous les nerfs et de garder les abattis (cou, ailerons).

- Hachez la truffe et mélangez-la avec le beurre en pommade et le cognac. Salez et poivrez. Décollez la peau de la poitrine et des cuisses et glissez délicatement le beurre aux truffes.

- Faites sauter dans une poêle les marrons et les chipolatas, les boudins noirs et les boudins blancs. Farcissez la dinde avec ce mélange. Ficelez-la et mettez-la dans une casserole à bords hauts sur un lit composé des abattis. Arrosez d'huile et parsemez de beurre. Salez et poivrez.

- Préchauffez votre four à 150 °C (th. 5-6).

- Faites cuire la dinde au four pendant 2 heures 30 environ. Arrosez-la plusieurs fois au cours de la cuisson. À mi-cuisson, protégez la dinde avec une feuille d'aluminium graissée.

- Une fois la dinde cuite, retirez l'excédent de graisse et mouillez avec 3 verres d'eau pour obtenir un jus gras. Salez et poivrez. Faites cuire à nouveau pendant 5 minutes sur feu doux. Coupez et dressez la dinde, puis versez le jus de cuisson tout autour.

CONFIT DE FOIE GRAS D'OIE

Pour 4 personnes

Ingrédients

1 foie gras de 700 g
1 litre de graisse d'oie
1 litre de lait
100 g de gros sel
Fleur de sel
Poivre du moulin

Cette recette nécessite une préparation sur trois jours et l'usage d'un thermomètre.

- Le premier jour, disposez le foie gras dans un saladier, puis recouvrez-le avec le lait et des glaçons. Cette opération a pour but d'expulser le sang du bol et de blanchir le foie.
- Le deuxième jour, séchez le lobe de foie gras dans du papier absorbant et parsemez-le de gros sel des deux côtés. Réservez au réfrigérateur.
- Le troisième jour, débarrassez le lobe de foie gras de l'excédent de sel, rincez-le légèrement et séchez-le.
- Faites chauffer la graisse d'oie à 60 °C et plongez le lobe de foie gras dedans. Faites cuire pendant 45 minutes, la température à cœur du foie gras ne doit pas dépasser 57 °C. Surveillez régulièrement la température de la graisse qui ne doit pas dépasser 62 °C.
- Débarrassez le foie gras dans une terrine, recouvrez-le de graisse d'oie, puis réservez-le au réfrigérateur. Vous pouvez le conserver deux à trois jours, il n'en sera que meilleur.
- Servez-le assaisonné de fleur de sel, d'un tour de moulin à poivre et accompagné de toasts grillés et d'une purée de pruneaux et de figues.

MAGRET D'OIE ET TOASTS DE POMMES DE TERRE

Pour 4 personnes

Ingrédients

2 magrets d'oie de 400 g chacun
4 têtes de cèpes
de 10 cm de diamètre
4 pommes de terre nouvelles
de 10 cm de longueur
1/2 bouquet de persil plat
25 cl de bouillon de poule
20 cl de jus de volaille
(recette p. 168)
3 cl de vinaigre balsamique
80 g de beurre
5 cl d'huile d'arachide
Fleur de sel
Poivre du moulin

- Portez à ébullition le bouillon de poule et plongez-y les têtes de cèpes pendant 5 minutes. Égouttez-les sur du papier absorbant. Faites réduire le bouillon de poule jusqu'à l'obtention d'une consistance sirupeuse. Réservez.

- Pelez et lavez les pommes de terre, coupez-les en rondelles de 1 cm d'épaisseur. Réservez dans l'eau froide. Salez et poivrez les magrets d'oie. Faites-les cuire dans une poêle à revêtement antiadhésif en commençant par saisir le côté peau pendant 4 à 5 minutes. Retournez les magrets et faites-les cuire pendant 10 à 15 minutes selon votre goût.

- Pendant ce temps, faites sauter les pommes de terre avec le beurre et l'huile d'arachide. Retournez-les à mi-cuisson afin d'obtenir des pommes de terre bien dorées. Salez et poivrez. Réservez au chaud.

- Dégraissez la poêle de cuisson des magrets et déglacez-la avec le vinaigre balsamique. Ajoutez le bouillon de poule réduit et le jus de volaille, puis laissez mijoter. Rectifiez l'assaisonnement.

- Saisissez les têtes de cèpes au beurre sur feu vif 2 à 3 minutes de chaque côté. Salez et poivrez. Réservez au chaud.

- Dressez les pommes de terre au centre de l'assiette, déposez par-dessus les magrets coupés en deux, puis ajoutez les têtes de cèpes. Versez la sauce tout autour. Parsemez de persil plat haché, de fleur de sel et d'un tour de moulin à poivre.

TERRINE DE COQ AU VIN ET FOIE GRAS DE CANARD

Pour 6 personnes

Ingrédients

1,5 kg de coq coupé en morceaux
300 g de foie gras de canard cuit
2 blancs d'œufs
1 bouquet de persil plat haché
10 feuilles de gélatine
10 cl d'huile d'arachide
50 g de beurre

Pour la marinade
4 carottes pelées
1 branche de céleri émincée
1 oignon pelé et émincé
2 échalotes émincées
1 gousse d'ail émincée
1 clou de girofle
5 baies de genièvre
1 bouquet garni (thym, laurier, vert de poireau, queue de persil)
5 cl de cognac
2 bouteilles 1/2 de vin rouge (180 cl)
10 cl de vinaigre de vin rouge
10 grains de poivre

■ La veille, préparez la marinade. Mettez tous les ingrédients dans un grand saladier en laissant les carottes pelées entières. Ajoutez les morceaux de coq et laissez mariner pendant 24 heures au réfrigérateur.

■ Égouttez-les et séparez les autres ingrédients de la marinade.

■ Préchauffez votre four à 180 °C (th. 6).

■ Faites chauffer le beurre et l'huile dans une cocotte et faites-y revenir les morceaux de coq sur feu vif et en les retournant régulièrement. Ajoutez tous les ingrédients de la marinade et laissez compoter pendant 10 minutes.

■ Dégraissez, déglacez avec la marinade et enfournez pendant 2 heures environ (il faut que la volaille soit très cuite).

■ Sortez les morceaux de coq, les carottes et le bouquet garni du plat de cuisson. Passez la sauce à travers une étamine, il doit vous rester 1 litre de sauce environ.

■ Faites ramollir les feuilles de gélatine dans l'eau froide, incorporez-les à la sauce, puis laissez bouillir pendant 5 minutes en écumant si nécessaire.

■■■

■■■

- Battez rapidement les deux blancs d'œufs et incorporez-les à la sauce. Sur feu doux, sans cesser de remuer, laissez-les remonter à la surface. Arrêtez de remuer et laissez cuire 3 minutes. Vous obtenez ainsi un bouillon clarifié que vous passez à travers un torchon. Réservez cette gelée à température ambiante.

- Désossez le coq. Coupez le foie gras en bâtonnets ainsi que les carottes.

- Chemisez le fond de la terrine avec du film alimentaire en le laissant déborder de chaque côté. Commencez par disposer les carottes, puis les morceaux de coq.

- Roulez le foie gras dans le persil plat et ajoutez-le à la terrine. Renouvelez l'opération trois fois et terminez par une couche de carottes. Recouvrez l'ensemble avec une couche de gelée. Rabattez le film et laissez reposer au réfrigérateur pendant 8 heures.

- Vous pouvez accompagner cette terrine d'une salade de lentilles aux oignons nouveaux.

CROUSTILLANT DE DINDE AUX AMANDES

Pour 4 personnes

Ingrédients

4 escalopes de dinde
de 120 g chacune
300 g de pousses d'épinards
50 g de câpres
50 g de cornichons
10 g d'amandes effilées grillées
1 citron
1 jaune d'œuf
1 échalote ciselée
1/2 bouquet de ciboulette ciselée
1 cuillerée à soupe de persil haché
200 g de petits dés de pain de mie
15 cl de jus de volaille
(recette p. 168)
5 cl de vinaigrette de xérès
(recette p. 169)
100 g de beurre clarifié*
10 cl d'huile d'olive
Fleur de sel
Poivre du moulin

- Faites chauffer le beurre clarifié, ajoutez les cornichons taillés en petits dés et les câpres. Réservez au chaud.

- Salez et poivrez les escalopes. Trempez un côté dans le jaune d'œuf, puis dans les croûtons de pain de mie. À la poêle, faites colorer les escalopes dans l'huile d'olive en commençant par le côté pain pendant 3 à 4 minutes, puis faites cuire l'autre côté.

- Lavez les pousses d'épinards. Assaisonnez-les avec l'échalote et la ciboulette ciselée et la vinaigrette de xérès et déposez-les sur une assiette, puis les escalopes par-dessus. Versez le beurre clarifié avec les cornichons et les câpres tout autour.

- Ajoutez par-dessus le jus de citron et le persil haché. Parsemez les escalopes d'amandes grillées, de fleur de sel et d'un tour de moulin à poivre. Terminez les assiettes en arrosant avec le jus de volaille.

**** Beurre clarifié : Faites fondre le beurre sans remuer, à feu très doux, puis éliminez le dépôt blanchâtre, le petit lait.***

GOUJONNETTES DE BLANC DE DINDE SAUCE TARTARE

Pour 4 personnes

Ingrédients

400 g de blancs de dinde
1 courgette
1 poivron rouge
1 aubergine
2 œufs
50 g de farine
100 g de chapelure
100 g de tempura
(pâte à beignets prête à l'emploi)
Huile de friture
Sel
Poivre

Sauce tartare
25 cl de mayonnaise
20 g de cornichons
1 oignon nouveau ciselé
1 cuillerée à soupe de persil haché
et de ciboulette ciselée
1 œuf dur

- Taillez les blancs de dinde en lanières de 10 cm de long et 1 cm de large. Salez et poivrez. Passez les goujonnettes dans la farine, puis dans les œufs battus et enfin dans la chapelure. Réservez au réfrigérateur.
- Taillez les légumes en bâtonnets de la même taille que les goujonnettes de dinde. Préparez la tempura en ajoutant de l'eau jusqu'à l'obtention d'une pâte homogène légèrement épaisse, Réservez au réfrigérateur.
- Préparez la sauce tartare. Coupez l'œuf dur, concassez-le et mélangez-le avec la mayonnaise. Ajoutez l'oignon ciselé, le persil, ciboulette et les cornichons hachés. Rectifiez l'assaisonnement. Réservez au réfrigérateur.
- Faites chauffer l'huile de la friteuse à 170 °C et plongez-y les goujonnettes en les remuant régulièrement pendant 2 minutes. Égouttez-les sur un papier absorbant. Réservez au chaud.
- Trempez les bâtonnets de légumes dans la tempura et plongez-les dans la friteuse. Les beignets sont cuits lorsqu'ils remontent à la surface. Égouttez-les sur un papier absorbant.
- Dans un saladier, disposez les goujonnettes de dinde et les beignets de légumes parsemés de fleur de sel et d'un tour de moulin à poivre. Servez la sauce tartare à part.

TARTARE ALLER-RETOUR DE DINDE

Pour 4 personnes

Ingrédients

600 g de blancs de dinde
4 œufs de caille
1 jaune d'œuf
20 g de cornichons hachés
20 g de câpres
3 oignons nouveaux hachés finement
1 échalote ciselée
1/2 bouquet de ciboulette ciselée
2 cuillerées à soupe de persil haché
1 salade verte
1 filet de Tabasco
1 cuillerée à soupe de ketchup
1 cuillerée à soupe de moutarde
10 cl de vinaigrette de xérès
(recette p. 169)
50 g de beurre
15 cl d'huile d'olive
Fleur de sel
Poivre du moulin

- Hachez les blancs de dinde dans un hachoir à grosse grille. Dans un saladier, mélangez le jaune d'œuf, la moutarde, le sel et le poivre. Versez l'huile d'olive, puis ajoutez les oignons, les câpres, les cornichons, le persil, le ketchup et le Tabasco. Ajoutez les blancs de dinde hachés. Rectifiez l'assaisonnement.

- Formez des steaks avec la préparation précédente et poilez-les au beurre pendant 3 minutes de chaque côté. Faites cuire les œufs de caille dans une poêle à revêtement antiadhésif avec une noisette de beurre.

- Déposez les œufs de caille sur les steaks de dinde. Servez avec une salade verte assaisonnée d'échalote, de ciboulette et de vinaigrette de xérès. Parsemez de fleur de sel et d'un tour de moulin à poivre.

CHAPON RÔTI AU BEURRE D'HERBES

Pour 6 personnes

- Préparez le beurre d'herbes. Effeuillez, lavez et hachez le cerfeuil, l'estragon, la ciboulette et le persil. Pelez et ciselez les échalotes. Mélangez le tout avec le beurre ramolli. Salez et poivrez.

- Préchauffez votre four à 180 °C (th. 6).

- Coupez le cou du chapon et dégagez la peau. Incorporez délicatement une fine couche de beurre d'herbes sous la peau à l'aide d'une cuillère à soupe. Farcissez le chapon avec 2 branches de thym, une feuille de laurier et 2 gousses d'ail. Salez et poivrez l'intérieur. Bridez la volaille avec du fil de cuisine.

- Déposez le chapon dans un plat allant au four, ajoutez un filet d'huile, le beurre. Salez et poivrez. Enfournez le chapon pendant 1 heure 45 à 2 heures environ en le retournant et en l'arrosant régulièrement.

- Pendant ce temps, taillez la carotte et l'oignon en mirepoix (petits dés). Débarrassez le chapon cuit sur un plat de service. Dégraissez le plat de cuisson, ajoutez la mirepoix et laissez suer à feu doux.

- Déglacez la mirepoix avec le vin blanc et 20 cl d'eau. Laissez réduire. Rectifiez l'assaisonnement. Passez le jus au chinois au-dessus d'une saucière. Vous pouvez accompagner le chapon d'une fricassée de pommes rattes aux oignons nouveaux. Présentez le chapon à table et découpez-le devant vos invités.

Ingrédients

1 chapon de 2,5 kg
1 carotte
1 oignon
3 gousses d'ail
5 branches de thym
2 feuilles de laurier
5 cl de vin blanc
50 g de beurre
5 cl d'huile d'arachide
Fleur de sel
Poivre du moulin

Pour le beurre d'herbes
2 échalotes
1/4 de bouquet de cerfeuil
1/4 de bouquet d'estragon
1/4 de bouquet de ciboulette
1/4 de bouquet de persil
100 g de beurre
Sel
Poivre du moulin

FRICASSÉE DE CHAPON AUX MORILLES ET ASPERGES

Pour 6 personnes

Ingrédients

1 chapon de 2,5 kg
coupé en morceaux
1,2 kg de pointes d'asperges vertes
200 g de morilles fraîches
50 g de morilles déshydratées
1 oignon
3 échalotes
1 bouquet garni (thym, laurier, romarin, queues de persil, vert de poireau)
20 g de parmesan râpé
10 g de chapelure
50 g de farine
5 cl de porto
15 cl de vermouth
25 cl de crème liquide
1,5 l de bouillon de poule (recette p. 168)
150 g de beurre
5 cl d'huile d'arachide
Sel
Poivre du moulin

- Disposez les morilles déshydratées dans un saladier et mouillez à hauteur de bouillon de poule tiède. Laissez infuser pendant 1 heure, puis égouttez les morilles. Réservez les morilles et le bouillon.

- Farinez légèrement les morceaux de chapon et faites-les colorer dans une grande cocotte avec l'huile et une noisette de beurre. Salez et poivrez. Ajoutez l'oignon émincé, le bouquet garni, puis laissez mijoter pendant 5 minutes. Dégraissez légèrement la cocotte et déglacez-la avec le vermouth. Ajoutez le bouillon des morilles, puis laissez cuire sur feu doux pendant 1 heure 30.

- Pendant ce temps, épluchez les pointes d'asperges et blanchissez-les dans l'eau bouillante salée pendant 10 minutes environ. Rafraîchissez-les et réservez-les au réfrigérateur.

- Lavez et coupez les morilles fraîches. Faites-les sauter avec une noisette de beurre, l'échalote ciselée, puis laissez compoter pendant 3 minutes. Ajoutez les morilles séchées et déglacez avec le porto. Laissez mijoter pendant 10 minutes. Réservez.

- Retirez les morceaux de chapon et réservez-les au chaud. Passez le fond de cuisson au chinois, versez la crème liquide, laissez réduire pendant 5 minutes, salez et poivrez. Ajoutez les morilles et le chapon.

- Étalez les asperges sur une plaque allant au four et parsemez de parmesan et de chapelure. Faites légèrement gratiner sous le gril du four. Déposez les asperges au milieu du plat de service et la fricassée de chapon tout autour. Ajoutez les morilles et saucez légèrement.

La poule

POULE AU POT

Pour 6 personnes

Ingrédients

1 poule de 2 kg
6 carottes
6 pommes de terre BF15
6 poireaux
6 navets
2 branches de céleri
1 oignon piqué de clou de girofle
5 gousses d'ail
1 bouquet garni (thym, laurier, queues de persil, vert de poireau)
Sel
Poivre du moulin

Pour la farce

Foie, cœur, et gésiers de la poule
200 g de jambon ou de chair à saucisse
2 œufs
3 échalotes
3 gousses d'ail
1 pincée de noix de muscade râpée
1 cuillerée à soupe de persil haché
1 cuillerée à soupe d'estragon haché
15 cl de lait
250 g de mie de pain
Sel
Poivre du moulin

- Préparez la farce. Mettez à tremper la mie de pain dans un saladier avec le lait. Hachez ensemble au couteau le cœur, le foie, le gésier de la poule ainsi que le jambon, l'ail, les échalotes pelées, le persil et l'estragon. Mélangez ce hachis avec la mie de pain. Salez et poivrez. Ajoutez la noix de muscade. Liez la farce avec les œufs.

- Farcissez la poule avec cette préparation et cousez-la avec du fil de cuisine.

- Portez à ébullition 4 litres d'eau et faites cuire la poule sur feu doux pendant 2 heures avec le bouquet garni, les carottes, les poireaux, les navets, l'oignon coupé en deux, le céleri coupé en quatre et l'ail.

- Ajoutez les pommes de terre entières et poursuivez la cuisson pendant 1 heure. Rectifiez l'assaisonnement. Servez la poule et les légumes sur le plat de service en présentant le bouillon à part.

VOL-AU-VENT DE POULE

Pour 6 personnes

Ingrédients

1 poule cuite de 1,5 kg
400 g de poitrine de veau
6 vol-au-vent tout prêts
250 g de champignons de Paris
1 carotte
1 botte de petits oignons nouveaux
1 oignon piqué d'un clou de girofle
2 cuillerées à soupe
de persil plat haché
1 bouquet garni (thym, laurier,
queues de persil, vert de poireau)
30 g de farine
1/2 citron
10 cl de vin blanc
50 cl de bouillon de poule
(recette p.168)
20 cl de crème liquide
50 g de beurre
Sel
Poivre du moulin

- Taillez la poitrine de veau en petits morceaux de 20 g environ. Mettez-les dans une casserole et couvrez d'eau. Portez à ébullition et laissez frémir pendant 2 à 3 minutes. Rafraîchissez à l'eau courante, puis égouttez.

- Déposez les morceaux de veau dans une cocotte. Ajoutez l'oignon, la carotte, le bouquet garni et le persil. Mouillez à l'eau et au vin blanc et laissez cuire sur feu doux pendant 45 minutes environ. Ôtez les morceaux de veau de la cocotte et passez le bouillon de cuisson au chinois. Réservez. Dépouillez et désossez la poule. Taillez la chair de la taille d'une bouchée et réservez.

- Nettoyez et coupez les champignons de Paris en quartiers. Étuvez-les avec 10 g de beurre. Recouvrez d'eau salée et laissez cuire pendant 10 minutes. Ôtez les champignons et réservez leur jus de cuisson.

- Procédez de la même façon avec les petits oignons nouveaux et réservez également leur jus de cuisson. Mélangez les jus de cuisson des champignons et des petits oignons. Ajoutez le bouillon de poule et le bouillon de cuisson de la poitrine. Portez à ébullition et laissez réduire de façon à obtenir 50 cl de bouillon.

- Faites chauffer 40 g de beurre dans une casserole, saupoudrez de farine et remuez. Versez progressivement les 50 cl de bouillon en remuant vivement. Versez ensuite la crème liquide et laissez frémir sur feu doux jusqu'à l'obtention d'une sauce onctueuse et légèrement épaisse.

- Incorporez les morceaux de poule, la poitrine de veau, les champignons de Paris et les petits oignons à la sauce. Rectifiez l'assaisonnement. Ajoutez le jus de citron. Versez dans un plat de service allant au four. Passez les vol-au-vent dans le four préchauffé à 180 °C (th. 6) pendant 3 minutes et garnissez-les de la préparation directement devant les convives.

RISOTTO CRÉMEUX DE LANGOUSTINES

Pour 4 personnes

- Dans une casserole, faites cuire l'oignon haché dans le beurre fondu sans laisser colorer. Après quelques minutes, versez le riz rond. Faites-le rouler dans le beurre et l'oignon jusqu'à ce que les grains brillent.

- Mouillez avec le vin blanc et laissez le riz l'absorber complètement. Ajoutez 15 cl de bouillon de poule et poursuivez la cuisson sur feu doux. Lorsque le bouillon est absorbé, ajoutez-en 15 cl. Lorsque le liquide est totalement absorbé, renouvelez l'opération avec le reste du bouillon. Salez et poivrez. Faites cuire pendant 18 minutes. Incorporez délicatement le parmesan râpé et la crème liquide. Rectifiez l'assaisonnement et réservez au chaud.

- Poêlez les queues de langoustine à l'huile d'olive à feu vif pendant 1 minute de chaque côté. Salez et poivrez.

- Répartissez du risotto dans chaque assiette creuse. Ajoutez les queues de langoustine par-dessus. Parsemez de basilic ciselé et de copeaux de parmesan. Arrosez d'un filet d'huile d'olive. Assaisonnez de fleur de sel et d'un tour de moulin à poivre.

Ingrédients

20 queues de langoustines décortiquées
180 g de riz rond
1 oignon
6 feuilles de basilic
50 g de parmesan râpé
30 g de parmesan
5 cl de vin blanc
45 cl de bouillon de poule (recette p. 168)
10 cl de crème liquide
30 g de beurre
5 cl d'huile d'olive
Fleur de sel
Poivre du moulin

FRICASSÉE DE POULE AU BASILIC

Pour 6 personnes

Ingrédients

1 poule de 2 kg
10 oignons nouveaux
1 bouquet de basilic
1 bouquet garni (thym, laurier, queues de persil, vert de poireau)
50 g de farine
1 citron
2 litres de bouillon de poule (recette p. 168)
15 cl de crème liquide
10 cl d'huile d'arachide
250 g de tagliatelles
150 g de champignons
Beurre
Sel
Poivre du moulin

- Demandez à votre volailler de couper la poule en fricassée. Dans une grande cocotte, déposez les morceaux de volaille. Couvrez d'eau. Portez à ébullition et laissez frémir pendant 30 minutes. Rafraîchissez à l'eau courante, égouttez et réservez.

- Préchauffez votre four à 180 °C (th. 6).

- Dans une cocotte à feu doux, faites suer les oignons émincés dans un peu d'huile sans laisser colorer. Ajoutez les morceaux de poule farinés et mettez au four pendant 5 minutes afin de cuire la farine. Remuez puis recouvrez de bouillon de volaille. Ajoutez le bouquet garni et le basilic. Salez et poivrez. Laissez cuire pendant 1 heure 30 environ.

- Faites cuire les tagliatelles selon les indications du paquet. Faites cuire les champignons dans un peu d'eau et de beurre pendant 1 minute puis, séparément, les oignons dans un peu d'eau salée et une noisette de beurre pendant 4 à 5 minutes, jusqu'à évaporation. Mélangez-les aux tagliatelles égouttées.

- Réservez au chaud, sur un plat de service la fricassée de poule et faites réduire la cuisson pendant 15 minutes. Ajoutez la crème liquide et poursuivez la cuisson pendant 5 minutes. Rectifiez l'assaisonnement. Versez le jus du citron et versez cette sauce sur les morceaux de poule.

PENNE AU BOUILLON DE POULE ET PALOURDES

Pour 4 personnes

Ingrédients

1 kg de grosses palourdes
300 g de penne
50 g de parmesan
1 échalote
1 gousse d'ail
1 brin de thym
1 feuille de laurier
2 cuillerées à soupe de persil plat
2 litres de bouillon de poule
(recette p. 168)
12 cl de vin blanc sec
5 cl d'huile d'olive
Fleur de sel
Poivre du moulin

Pour le pistou

50 g de pignons de pin grillés
50 g de parmesan râpé
50 g de comté râpé
3 gousses d'ail
1 bouquet de basilic
à petites feuilles
10 cl d'huile d'olive

Pour la compotée de tomates

2 grosses tomates bien mûres
1 oignon
1 gousse d'ail hachée
1 brin de thym
5 cl d'huile d'olive
Sel
Poivre du moulin

- Préparez le pistou. Lavez le basilic, égouttez-le et effeuillez-le. Pelez les gousses d'ail, coupez-les en quatre dans le sens de la longueur et écrasez-les. Dans le bol du mixeur, déposez le basilic et l'ail. Ajoutez les pignons de pin grillés, le comté et le parmesan. Versez l'huile d'olive doucement. Mixez et réservez.

- Préparez la compotée de tomates. Plongez les tomates pendant 10 secondes dans l'eau bouillante, passez-les immédiatement sous l'eau froide, puis pelez-les. Coupez-les en quatre et épépinez-les. Concassez légèrement la pulpe. Pelez et ciselez l'oignon, puis faites-le revenir dans l'huile d'olive. Ajoutez les tomates, l'ail écrasé, le thym et laissez compoter pendant 10 minutes. Salez et poivrez. Réservez au chaud.

- Lavez et faites dégorger les palourdes. Dans une casserole, faites cuire les palourdes avec l'échalote ciselée, l'ail, le persil haché, le thym, le laurier et le vin blanc. Quand les coquillages s'ouvrent, ôtez-les du feu et enlevez les coquilles. Faites réduire le jus de cuisson de moitié, passez au chinois. Réservez.

- Salez le bouillon de poule et versez-y un trait d'huile d'olive. Portez à ébullition. Faites-y cuire les pâtes al dente. Égouttez-les. Dans un plat de service, mélangez les pâtes, le pistou et la compotée de tomates. Incorporez le jus réduit des palourdes . Mélangez. Parsemez de palourdes décortiquées et de copeaux de parmesan. Arrosez avec le reste d'huile d'olive. Assaisonnez de fleur de sel et d'un tour de moulin à poivre.

GARBURE DE POULE CONFITE

Pour 6 personnes

- Si vous utilisez des cuisses de poule fraîche, faites-les mariner pendant 24 heures dans du sel, du poivre, du thym et du laurier. Essuyez-les et plongez-les dans la graisse d'oie bouillante. Laissez frémir sur feu très doux pendant 2 heures, la graisse doit recouvrir la viande. La cuisson terminée, débarrassez les cuisses dans un saladier et recouvrez-les de graisse d'oie. Réservez au réfrigérateur.

- Lavez, pelez et coupez les pommes de terre, les carottes, les navets et les oignons en gros morceaux. Émincez grossièrement le chou. Déposez tous les légumes dans une marmite frottée à l'ail. Ajoutez les haricots. Enfouissez la palette de porc, la crosse de jambon de pays et la poitrine de porc dans les légumes. Mouillez à hauteur avec le bouillon de poule, puis ajoutez les brins de thym et les feuilles de laurier. Portez à ébullition, puis écumez. Couvrez et laissez cuire sur feu doux pendant 1 heure 30.

- Retirez la peau des cuisses de poule confites et incorporez-les au contenu de la marmite. Poursuivez la cuisson de la garbure pendant 45 minutes sur feu doux. Rectifiez l'assaisonnement.

- Servez les viandes et les légumes dans un grand plat et le bouillon à part dans une soupière.

La garbure se sert accompagnée de fines tranches de pain de campagne rassis. Dans le bouillon qui reste dans l'assiette, versez une lampée de vin rouge (vin léger de pays). C'est le complément rituel de la garbure dont la composition est variable à l'infini.

Ingrédients

6 cuisses de poule confite ou fraîche
(à laisser reposer 24 heures)
1 litre de graisse d'oie
150 g de poitrine de porc salée
1 crosse de jambon de pays
400 g de palette de porc demi-sel
180 g de haricots tarbais
200 g de pommes de terre
200 g de carottes
100 g de navets
1 chou vert
120 g d'oignons
1 gousse d'ail
3 brins de thym
2 feuilles de laurier
2 litres de bouillon de poule
(recette p. 168)
Sel
Poivre du moulin

TOURIN (SOUPE À L'AIL)

Pour 4 personnes

Ingrédients

80 g de ventrèche
4 œufs
2 oignons
7 gousses d'ail
1 pincée de piment d'Espelette
1 brin de thym
1 feuille de laurier
2 cuillerées à soupe de graisse d'oie
1,5 litre de bouillon de poule
(recette p. 168)
4 tranches de pain
de campagne rassis
Huile
Sel
Poivre du moulin

- Pelez et émincez les oignons. Pelez les gousses d'ail. Dans une sauteuse, faites fondre la graisse d'oie et faites revenir les oignons et 6 gousses d'ail entières. Ajoutez la ventrèche finement taillée en petits cubes et laissez compoter pendant 5 minutes.

- Versez le bouillon de poule et portez à ébullition. Salez et poivrez. Ajoutez le piment d'Espelette selon votre goût, le thym et le laurier. Couvrez et laissez mijoter sur feu doux pendant 30 minutes.

- Pendant ce temps, frottez les tranches de pain de campagne avec la gousse d'ail restante et passez-les à la poêle dans un peu d'huile. Coupez les tranches de pain en croûtons et disposez-les dans les assiettes creuses.

- En fin de cuisson, cassez les œufs dans la soupe. Laissez cuire pendant 2 à 3 minutes et remuez délicatement avec une cuillère en bois. Versez immédiatement le tourin sur les croûtons. Servez aussitôt.

Le pigeon
La palombe

FRICASSÉE DE PALOMBES AUX CÈPES ET AUX ARTICHAUTS

Pour 4 personnes

Ingrédients

4 palombes (400 g chacune)
300 g de têtes de cèpes
2 gros artichauts
1 botte d'oignons nouveaux
3 gousses d'ail
1 bouquet de ciboulette
50 cl de bouillon de poule (recette p. 168)
10 cl de vin blanc
3 cl de graisse d'oie
80 g de beurre
5 cl d'huile d'arachide
Fleur de sel
Poivre du moulin

- Pelez et lavez les oignons. Effeuillez les artichauts et ôtez le foin. Coupez les oignons et les fonds d'artichauts en petits quartiers.

- Préchauffez votre four à 180 °C (th. 6).

- Dans une sauteuse allant au four, faites chauffer la graisse d'oie, puis faites revenir une gousse d'ail pelée, les oignons et les fonds d'artichauts. Laissez compoter pendant 5 minutes, déglacez avec la moitié du bouillon de poule. Enfournez pendant 15 minutes. Réservez au chaud.

- Dans une autre sauteuse allant au four, faites revenir les têtes de cèpes avec une gousse d'ail pelée et émincée en lamelles. Déglacez avec le reste du bouillon de poule. Enfournez pendant 12 minutes. Réservez au chaud.

- Dans une cocotte, faites chauffer l'huile d'arachide et faites-y revenir les palombes avec le reste d'ail. Continuez la cuisson pendant 15 minutes au four. Coupez les palombes et concassez les carcasses. Faites-les colorer dans une noix de beurre, déglacez avec le vin blanc et ajoutez 20 cl d'eau. Laissez réduire 10 minutes. Passez au chinois, puis incorporez 50 g de beurre en petits morceaux.

- Faites réduire les deux jus de cuisson des légumes et incorporez le reste de beurre. Mélangez avec le jus des carcasses des palombes. Disposez les morceaux de palombes dans un plat, entourez-les des légumes. Nappez de sauce. Parsemez de ciboulette, de fleur de sel et d'un tour de poivre du moulin.

PIGEON À LA TAPENADE ET MOELLEUX DE POMMES DE TERRE

Pour 4 personnes

Ingrédients

4 pigeons de 450 g coupés en morceaux
800 g de pommes de terre nouvelles
50 g de tapenade d'olives noires
1 jaune d'œuf
25 cl de jus de volaille (recette p. 168)
30 g de beurre
10 cl d'huile d'olive
Fleur de sel
Poivre du moulin

- Pelez et lavez les pommes de terre. Faites-les cuire dans de l'eau salée pendant 15 minutes. Égouttez-les et écrasez-les à la fourchette en incorporant le beurre, 8 cl d'huile d'olive et la ciboulette ciselée. Rectifiez l'assaisonnement. Réservez au chaud.

- Salez et poivrez les morceaux de pigeon, puis faites-les cuire dans une sauteuse avec le reste d'huile d'olive. Comptez 8 minutes de cuisson pour les filets et 12 minutes pour les cuisses. La cuisson terminée, badigeonnez les morceaux de pigeons de jaune d'œuf à l'aide d'un pinceau. Ajoutez la tapenade par-dessus et passez-les 2 minutes sous le gril du four. Réservez au chaud.

- Dégraissez et déglacez la sauteuse avec le jus de volaille. Ajoutez 30 g de beurre. Rectifiez l'assaisonnement. Disposez les filets et les cuisses de pigeon dans des assiettes de service. Versez le jus par-dessus et servez à part le moelleux de pommes de terre à l'huile d'olive.

AIGUILLETTE ET CUISSE DE PIGEON AUX DRAGÉES

Pour 4 personnes

■ Coupez les pigeons et réservez les filets et les cuisses. Pelez et découpez en petits cubes la carotte et l'oignon. Réservez.

■ Préchauffez votre four à 180 °C (th. 6).

■ Salez et poivrez les filets et les cuisses de pigeon. Dans une sauteuse allant au four, faites-les colorer à l'huile d'olive pendant 3 minutes. Enfournez les filets pendant 8 minutes et les cuisses pendant 12 minutes. Retirez du four et réservez au chaud.

■ Pelez les figues et disposez-les dans un plat allant au four. Faites-les cuire pendant 5 minutes. Ajoutez 50 g de miel par-dessus et parsemez de graines de sésame. Faites gratiner légèrement pendant 3 minutes au four et réservez au chaud.

■ Dans la sauteuse des pigeons, ajoutez le bouquet garni, l'oignon et la carotte coupés en cubes. Faites revenir pendant 3 minutes. Dégraissez légèrement et déglacez avec le vin blanc et le jus de volaille. Laissez cuire sur feu doux pendant 15 minutes. Passez au chinois. Rectifiez l'assaisonnement et ajoutez le beurre. Réservez au chaud.

■ Disposez les filets et les cuisses de pigeon sur la plaque du four. Nappez du miel restant et parsemez de dragées et de pistaches concassées. Enfournez pendant 3 minutes afin de caraméliser légèrement les morceaux de pigeon.

■ Disposez les morceaux de pigeon au centre de l'assiette de service et ajoutez les figues. Versez un cordon de jus tout autour et parsemez l'assiette de pousses de blettes.

Ingrédients

4 pigeons de 450 g chacun
50 g de dragées de Montauban
50 g de pistaches
8 figues
1 carotte
50 g de pousses de blettes ou d'épinards
1 oignon
1 bouquet garni (thym, laurier, queues de persil plat, vert de poireau)
15 g de graines de sésame
80 g de miel
10 cl de vin blanc
30 cl de jus de volaille (recette p. 168)
80 g de beurre
10 cl d'huile d'olive
Fleur de sel
Poivre du moulin

PRESSÉ DE PIGEON ET D'ARTICHAUTS

Pour 4 personnes

Ingrédients

4 filets de pigeon
200 g de foie gras de canard cru
3 gros artichauts
1/2 boule de céleri
100 g de mesclun
1 litre de bouillon de poule
(recette p. 168)
5 cl de vinaigrette de xérès
(recette p. 169)
1 cuillerée à soupe d'huile de truffe
50 g de beurre
Fleur de sel
Poivre du moulin

- Épluchez, coupez en deux le céleri, puis l'émincez en tranches de 3 mm d'épaisseur environ. Portez à ébullition le bouillon de poule et faites-y cuire les tranches de céleri pendant 6 minutes. Ôtez le céleri en réservant le bouillon de cuisson. Réservez le céleri au réfrigérateur.

- Tournez les fonds d'artichauts et faites-les cuire 15 minutes dans le bouillon de cuisson des céleris. Retirez le reste du foin et émincez-les le plus finement possible.

- Poêlez les filets de pigeon au beurre 2 minutes de chaque côté. Émincez-les de façon à obtenir de fines escalopes. Réservez.

- Coupez le foie gras de canard en fines tranches. Salez et poivrez. Poêlez-les sans matières grasses en comptant juste un aller-retour.

- Chemisez le fond d'une terrine avec du film alimentaire afin de faciliter le démoulage. Tapissez le fond et les bords de la terrine avec de fines feuilles de céleri. Déposez ensuite les tranches de foie gras, les artichauts, les escalopes de pigeon. Recommencez l'opération trois fois et terminez par une couche de céleri.

- Pressez la terrine. Réservez-la au réfrigérateur pendant 8 heures. Servez la terrine coupée en tranches de 1 cm d'épaisseur environ que vous lustrez d'huile de truffe. Parsemez de fleur de sel et d'un tour de moulin à poivre. Accompagnez la terrine d'une salade assaisonnée à la vinaigrette de xérès.

PIGEON FERMIER RÔTI ET RAGOÛT DE FÈVES À LA SARRIETTE

Pour 4 personnes

Ingrédients

4 pigeons fermiers de 450 g chacun
60 g de ventrèche
1,5 kg de fèves
1/2 botte d'oignons nouveaux
1 bouquet de sarriette
30 cl de jus de volaille
(recette p. 168)
5 cl d'huile d'olive
50 g de beurre
Fleur de sel
Poivre du moulin

- Faites infuser la sarriette dans le jus de volaille.

- Épluchez les fèves et faites-les blanchir dans de l'eau bouillante salée pendant 3 minutes. Rafraîchissez-les et retirez leur peau. Réservez au réfrigérateur.

- Coupez la ventrèche en petits cubes. Émincez les oignons et faites-les suer sans colorer dans l'huile d'olive. Ajoutez la ventrèche et laissez compoter 20 minutes.

- Préchauffez votre four à 210 °C (th. 7).

- Dans une sauteuse allant au four, faites revenir les pigeons de chaque côté. Enfournez pendant 15 minutes.

- Poêlez les fèves au beurre. Incorporez la compotée d'oignon et de ventrèche, 2 cuillerées à soupe de jus de volaille à la sarriette. Dressez les fèves dans un plat, disposez les pigeons par-dessus et versez le jus de volaille tout autour.

SALADE DE FILETS DE PIGEON AUX COPEAUX DE PARMESAN

Pour 4 personnes

Ingrédients

8 filets de pigeon
3 échalotes
300 g de mâche
4 branches de cerfeuil
4 brins de ciboulette
4 branches d'estragon
1 cuillerée à soupe de persil haché
1 salade frisée bien jaune
40 g de parmesan
2 cuillerées à soupe de vinaigre balsamique
1 cuillerée à soupe de vinaigre de xérès
10 cl de vinaigrette de xérès (recette p. 169)
10 cl de jus de volaille (recette p. 168)
5 cuillerées à soupe d'huile d'olive
Fleur de sel
Poivre du moulin

- Demandez à votre volailler de lever les filets des pigeons. Lavez la frisée et la mâche, effeuillez le cerfeuil et l'estragon. Coupez la ciboulette. Pelez et ciselez les échalotes.

- Dans une poêle à revêtement antiadhésif, faites colorer les filets de pigeon dans 3 cuillerées à soupe d'huile d'olive pendant 3 minutes de chaque côté. Déglacez avec le vinaigre de xérès et le jus de volaille. Mélangez le reste d'huile avec le persil haché.

- Faites réduire le vinaigre balsamique en le faisant chauffer sur feu doux jusqu'à l'obtention d'une consistance sirupeuse.

- Sur un plat de service, faites un cordon avec l'huile d'olive et le persil haché. Arrosez de vinaigre balsamique réduit. Disposez au milieu le mélange de salade frisée et de mâche assaisonnée de vinaigrette de xérès. Parsemez de copeaux de parmesan. Disposez les filets de pigeon coupés en deux par-dessus. Arrosez de jus de volaille les filets. Parsemez de fleur de sel et d'un tour de moulin à poivre.

PIGEON CUIT À LA PLANCHA ET FRICASSÉE DE POMMES RATTES AUX MORILLES

Pour 4 personnes

- Faites cuire les pommes de terre dans l'eau salée pendant 15 minutes. Pelez-les et taillez-les en biseaux. Finissez la cuisson des pommes de terre dans un plat à gratin légèrement arrosé de jus de volaille et d'huile d'olive dans le four préchauffé à 180 °C (th. 6). Réservez au chaud.

- Assaisonnez les pigeons avec la fleur de sel et le poivre du moulin. Disposez-les sur la plancha (à défaut, vous pouvez utiliser une poêle à revêtement antiadhésif). Faites cuire les pigeons pendant 15 minutes environ en les retournant régulièrement.

- Débarrassez les pigeons dans un plat de service. Rectifiez l'assaisonnement si nécessaire. Parsemez-les de ciboulette et d'échalotes hachées. Ajoutez le reste d'huile d'olive et de jus de volaille chaud, puis laissez reposer pendant 10 minutes.

- Faites sauter les morilles au beurre, assaisonnez-les puis gardez-les au chaud.

- Disposez les pommes de terre et les morilles au centre de l'assiette de service et les pigeons par-dessus. Versez un cordon de jus tout autour, puis disposez le mesclun assaisonnez avec la vinaigrette de xérès.

Ingrédients

4 pigeons en crapaudine
(tours de main p. 171)
600 g de pommes de terre rattes
300 g de morilles
3 échalotes
80 g de mesclun de salade
1/2 bouquet de ciboulette
5 cl de vinaigrette de xérès
(recette p. 169)
20 cl de jus de volaille
(recette p. 168)
5 cl d'huile d'olive
50 g de beurre
Fleur de sel
Poivre du moulin

PIGEON AUX HERBES EN CROÛTE DE SEL

Pour 4 personnes

Ingrédients

4 pigeons de 400 g chacun
2 blancs d'œufs
4 branches de persil plat
4 branches de cerfeuil
4 branches d'estragon
3 brins de thym
1 feuille de laurier
2 gousses d'ail
2 kg de gros sel
Poivre du moulin

- Poivrez les pigeons à l'intérieur et à l'extérieur. Effeuillez le persil, le cerfeuil, l'estragon et le thym et hachez-les finement avec l'ail. Détachez délicatement la peau de pigeons avec un couteau à fine lame et glissez les herbes et l'ail haché entre la chair et la peau.

- Versez le gros sel dans un saladier et incorporez les blancs d'œufs. Ajoutez l'eau nécessaire pour obtenir une pâte malléable et pas trop molle.

- Préchauffez votre four à 180 °C (th. 6).

- Chemisez le fond d'une cocotte d'un tiers de pâte à sel sur 2 cm d'épaisseur environ. Déposez les pigeons par-dessus et recouvrez du reste de la pâte à sel de manière à ce qu'aucun morceau de pigeon ne dépasse. Enfournez la cocotte pendant 1 heure 15.

- Servez la cocotte en fendant la croûte devant les convives.

PIGEON RÔTI ET BLETTES AU JUS

■ Demandez à votre volailler de garder les foies et les cœurs des pigeons. Épluchez et lavez les côtes de blettes. Coupez-les en bâtonnets de 10 cm sur 2 cm.

■ Portez à ébullition le bouillon de poule, plongez-y les côtes de blettes. Laissez cuire pendant 15 minutes sur feu doux. Égouttez et réservez au réfrigérateur. Faites blanchir les feuilles de blettes pendant 5 minutes dans l'eau salée. Rafraîchissez-les et réservez-les au réfrigérateur.

■ Préchauffez votre four à 180 °C (th. 6).

■ Dans une sauteuse allant au four, faites chauffer l'huile d'arachide avec 30 g de beurre. Faites-y colorer les pigeons de chaque côté, puis enfournez-les pendant 12 minutes. Ôtez les pigeons de la sauteuse. Réservez la sauteuse avec son gras de cuisson.

■ Levez les filets et les cuisses de pigeons. Concassez les carcasses et faites-les revenir dans la sauteuse réservée. Ajoutez les gousses d'ail pilées, une échalote ciselée, le thym et le laurier. Faites blondir le tout. Dégraissez et déglacez avec le jus de volaille. Laissez cuire pendant 10 minutes, puis passez au chinois.

■ Faites sauter les cœurs et les foies de pigeon dans la moelle de bœuf coupée en dés et fondue. Ajoutez 2 échalotes ciselées et le foie gras coupé en dés. Flambez au cognac et ajoutez les feuilles de blettes émincées. Déglacez avec un tiers du jus de volaille obtenu précédemment.

■ Dans un plat de service, alternez une couche de côtes de blettes et une couche de feuilles. Répétez l'opération trois fois, puis parsemez de persil haché, de ciboulette, de fleur de sel et d'un tour de moulin à poivre. Disposez les morceaux de pigeons dans un plat et nappez de jus.

Pour 4 personnes

Ingrédients

4 pigeons de 400 g
4 foies de pigeon
4 cœurs de pigeon
80 g de foie gras de canard cru
50 g de moelle de bœuf
2 kg de blettes
3 échalotes
2 gousses d'ail
1/2 bouquet de ciboulette ciselée
1/2 bouquet de persil plat haché
1 feuille de laurier
1 brin de thym
1 litre de bouillon de poule (recette p. 168)
40 cl de jus de volaille (recette p. 168)
5 cl de cognac
50 g de beurre
10 cl d'huile d'arachide
Fleur de sel
Poivre du moulin

La caille
Le coquelet

TARTE FINE AUX FILETS DE CAILLE ET CHAMPIGNONS

Pour 4 personnes

Ingrédients

8 filets de caille
50 g de poitrine fumée finement tranchée
250 g de pâte feuilletée
1,2 kg de champignons de Paris
2 cuillerées à soupe de tapenade d'olives noires
1 échalote
1/2 bouquet de ciboulette
8 brins de cerfeuil
8 brins d'aneth
8 brins d'estragon
40 g de parmesan
10 cl de crème liquide
100 g de beurre
3 cl de vinaigrette de xérès (recette p. 169)
2 cl d'huile d'olive
Fleur de sel
Poivre du moulin

- Lavez et coupez les pieds des champignons. Réservez les têtes et faites sauter les pieds avec le beurre en laissant l'eau s'évaporer. Déglacez avec la crème liquide, laissez réduire quelques minutes, puis ajoutez l'échalote hachée. Passez au mixeur avec la tapenade. Réservez au réfrigérateur.

- Préchauffez votre four à 180 °C (th. 6).

- Étalez la pâte feuilletée sur la plaque du four beurrée et farinée en formant un cercle de 25 centimètres de diamètre et piquez-la avec une fourchette pour éviter qu'elle gonfle. Enfournez pendant 10 minutes. Étalez une fine couche de hachis de champignons et d'échalotes sur le fond de tarte.

- Émincez les têtes des champignons, disposez-les en rosace sur le fond de tarte et parsemez de noisettes de beurre. Enfournez à nouveau pendant 15 minutes en faisant attention à ce que les champignons ne deviennent pas trop secs.

- Pendant ce temps, poêlez les filets de caille au beurre pendant 3 minutes de chaque côté, ils doivent rester rosés. Salez et poivrez. Faites griller les tranches de poitrine fumée pendant 1 minute de chaque côté dans une poêle à revêtement antiadhésif. Réservez.

- Mélangez la ciboulette, le cerfeuil, l'aneth et l'estragon. Assaisonnez les herbes avec la vinaigrette de xérès. Quand la tarte est cuite, disposez les filets de caille au centre et parsemez de copeaux de parmesan et de tranches de poitrine fumée. Disposez ensuite la salade d'herbes. Assaisonnez avec un filet d'huile d'olive, de la fleur de sel et un tour de moulin à poivre.

CAILLE AUX ÉCHALOTES CONFITES ET GIROLLES

Pour 4 personnes

Ingrédients

8 cailles
8 tranches de bacon
300 g de girolles
1 carotte
1 oignon
8 échalotes entières
1 cuillerée à soupe d'ail haché
1 cuillerée à soupe de persil haché
1 cuillerée à soupe de chapelure
5 cl de porto
20 cl d'eau
10 cl d'huile d'olive
2 cuillerées à soupe d'huile d'arachide
Fleur de sel
Poivre du moulin

- Enroulez les cailles avec les tranches de bacon et ficelez le tout.

- Préchauffez votre four à 180 °C (th. 6).

- Beurrez les cailles à l'aide d'un pinceau. Salez et poivrez. Faites-les rôtir dans une sauteuse allant au four pendant 8 à 10 minutes. Réservez les cailles et leur jus de cuisson au chaud.

- Pelez les échalotes et faites-les confire à l'huile d'olive dans une casserole pendant 15 minutes sur feu doux. Égouttez-les délicatement dans une passoire et réservez au chaud.

- Dans la graisse de cuisson des cailles, faites revenir l'oignon et la carotte coupés en dés. Dégraissez la sauteuse et déglacez-la avec le porto. Mouillez avec l'eau. Laissez réduire de moitié. Salez et poivrez. Passez au chinois.

- Nettoyez les girolles et faites-les revenir à la poêle dans l'huile d'arachide chaude. Salez et poivrez. Ajoutez la chapelure, l'ail et le persil haché.

- Ôtez les ficelles des cailles et dressez-les sur un plat de service. Ajoutez les girolles et les échalotes confites tout autour. Servez le jus en saucière.

FEUILLETÉ DE CHOU FARCI AUX CAILLES

Pour 4 personnes

Ingrédients

250 g de pâte feuilletée
4 cailles entièrement désossées
120 g d'échine de porc
60 g de foie gras cuit
2 œufs
1 chou vert
1 échalote
2 cl de cognac
2 cl de porto
50 g de beurre
Sel
Poivre du moulin

- Faites suer l'échalote dans une noix de beurre pendant 2 à 3 minutes. Salez et poivrez les cailles. Faites-les mariner dans le cognac et le porto pendant 1 heure. Passez-les au hachoir avec le porc, le foie gras, un œuf et l'échalote revenue. Rectifiez l'assaisonnement.

- Effeuillez le chou et gardez 8 belles feuilles entières. Faites-les blanchir pendant 3 minutes, puis passez-les sous un filet d'eau froide. Émincez finement le reste du chou, faites-le suer avec le reste de beurre et faites-le cuire pendant 20 minutes environ à couvert. Pressez et réservez au réfrigérateur.

- Disposez les 8 feuilles de chou en rosace sur un torchon et ajoutez au centre l'émincé de chou et la farce par couches successives. Refermez l'ensemble dans un torchon en serrant vigoureusement afin d'obtenir une belle forme ronde.

- Enveloppez le chou dans la pâte feuilletée et laissez reposer pendant 15 minutes à température ambiante.

- Badigeonnez la boule de jaune d'œuf à l'aide d'un pinceau. Préchauffez votre four à 180 °C (th. 6). Enfournez le chou farci pendant 30 minutes environ. Servez à part avec une belle salade de saison.

FILET DE CAILLE EN MILLE-FEUILLE

Pour 4 personnes

Ingrédients

8 filets de caille
1 carotte
1 oignon nouveau
1 branche de céleri
1 grosse tomate
1 gousse d'ail
3 brins de persil plat
1/2 bouquet de coriandre
1 brin de thym
1 feuille de laurier
10 cl d'huile d'olive
20 cl de vin blanc
10 cl d'eau
Fleur de sel
Poivre du moulin

- Préparez la vinaigrette à la coriandre. Faites chauffer l'huile d'olive sur feu doux avec les grains de coriandre et l'eau. Laissez mariner pendant 1 heure, passez au chinois et laissez refroidir.

- Pendant ce temps, mélangez le vinaigre de xérès avec une pincée de sel et de poivre, puis ajoutez le miel, le concentré de tomates, le ketchup et le jus des agrumes. Faites monter une vinaigrette à partir de ce mélange et de l'huile d'olive à la coriandre à l'aide d'un fouet électrique. Réservez à température ambiante.

- Pelez, lavez et coupez en dés l'oignon, la carotte, la tomate et la gousse d'ail. Lavez la branche de céleri et éliminez les filaments.

- Poêlez les filets de caille dans l'huile d'olive chaude, 1 minute de chaque côté. Réservez.

- Dans une sauteuse, faites suer les légumes avec de l'huile d'olive pendant 5 minutes sans laisser colorer. Ajoutez le thym, la feuille de laurier et le persil haché. Déglacez avec le vin blanc et l'eau. Portez à ébullition, puis déposez par-dessus les filets de caille. Salez et poivrez. Laissez frémir 3 minutes. Retirez les filets et réservez-les au chaud en les recouvrant de papier d'aluminium.

- Ôtez les légumes de la sauteuse et réduisez-les en purée. Ajoutez 2 cuillerées à soupe d'huile d'olive. Salez et poivrez. Réservez au chaud.

- Préchauffez votre four à 180 °C (th. 6).

- Préparez les fines feuilles croquantes. Mélangez la cannelle, le cumin et le gingembre dans un bol. Badigeonnez les feuilles de briks de beurre fondu, puis saupoudrez-les du mélange d'épices. Faites cuire au four pendant 5 minutes jusqu'à obtention d'une coloration blonde.

- Cassez chaque feuille de brik en quatre morceaux. Sur l'assiette de service, réalisez un mille-feuille en alternant une couche de purée de légumes, les morceaux de brik et les filets de caille.

- Disposez la vinaigrette à la coriandre tout autour et parsemez de pluches de coriandre, de fleur de sel et d'un tour de moulin à poivre.

Pour les fines feuilles croquantes
2 feuilles de briks
1 pincée de cannelle en poudre
1 pincée de cumin en poudre
1 pincée de gingembre en poudre
20 g de beurre fondu

Pour la vinaigrette à la coriandre
20 cl d'huile d'olive
50 g de coriandre en grains
5 cl d'eau
2 cl de vinaigre de xérès
1 cuillerée de miel
1 cuillerée à soupe de concentré de tomates
1 cuillerée à soupe de ketchup
1/2 orange
1/2 citron
Fleur de sel
Poivre du moulin

DUO DE CAILLE EN COCOTTE, RAISINS ET PETITS OIGNONS

- Préparez la pâte. Mélangez la farine, l'eau et l'œuf entier dans un saladier. Laissez reposer la pâte pendant 1 heure à température ambiante.

- Poêlez les cailles au beurre pendant 10 minutes jusqu'à l'obtention d'une coloration blonde. Déposez-les ensuite dans une cocotte. Déglacez la poêle avec le vin blanc, ajoutez le jus de volaille et laissez frémir quelques minutes. Versez ensuite le jus dans la cocotte sur les cailles.

- Pelez et lavez les petits oignons et les pommes de terre sans les couper. Poêlez le tout 5 minutes dans du beurre. Égouttez les oignons et les pommes de terre et versez-les dans la cocotte avec les grains de raisin. Couvrez et disposez la pâte tout autour de la cocotte de façon hermétique.

- Préchauffez votre four à 210 °C (th. 7).

- Enfournez la cocotte pendant 30 minutes environ.

- Pour plus de convivialité, brisez la pâte à table et servez aussitôt.

Pour 4 personnes

Ingrédients

8 cailles
500 g de pommes de terre grenailles
200 g de raisins blancs et noirs
1 botte d'oignons nouveaux
1 échalote
1 brin de thym
1 feuille de laurier
2 cl de vin blanc
20 cl de jus de volaille
(recette p. 168)
80 g de beurre
Sel
Poivre

Pour la pâte
1 œuf
200 g de farine
10 cl d'eau

FRICASSÉE DE COQUELET À L'AIL ET AU PERSIL PLAT

Pour 4 personnes

- Coupez les coquelets en quatre morceaux, soit deux cuisses et deux filets. Salez et poivrez. Dans une sauteuse faites revenir les morceaux dans un peu d'huile et de beurre pendant 15 minutes environ jusqu'à obtention d'une coloration bien dorée et uniforme.

- Pelez, lavez et coupez les pommes de terre en gros cubes. Faites-les sauter dans l'huile d'arachide et terminez la cuisson au beurre. Hachez le persil et l'ail.

- Dans la sauteuse, mélangez les morceaux de coquelet et les pommes de terre. Ajoutez le thym, le laurier et parsemez de persillade. Assaisonnez de fleur de sel et d'un tour de moulin à poivre. Laissez mijoter pendant 5 minutes sur feu doux. Servez aussitôt.

Ingrédients

2 coquelets de 500 g chacun
1 kg de pommes de terre nouvelles
4 gousses d'ail
1 bouquet de persil plat
3 brins de thym
1 feuille de laurier
100 g de beurre
5 cl d'huile d'arachide
Fleur de sel
Poivre du moulin

PICCATA DE COQUELET AU ROMARIN

Pour 4 personnes

Ingrédients

2 coquelets de 500 g chacun
180 g de riz rond
300 g de cèpes
1 carotte
150 g de mâche
1 branche de céleri
30 g d'oignons nouveaux émincés
2 échalotes
1 gousse d'ail
2 brins de thym
2 brins de romarin
2 feuilles de laurier
2 cuillerées à soupe de moutarde
1 litre de bouillon de poule
(recette p. 168)
10 cl de vin blanc
30 cl d'eau
5 cl de vinaigrette de xérès
(recette p. 169)
20 g de beurre
10 cl d'huile d'olive
Fleur de sel
Poivre du moulin

■ Demandez à votre volailler de couper les coquelets en quatre morceaux soit deux filets et deux cuisses en conservant les carcasses. Après avoir retirer la peau des morceaux, faites-les mariner dans l'huile d'olive avec un brin de thym, une feuille de laurier et un brin de romarin pendant 1 heure.

■ Concassez les carcasses et faites-les revenir au beurre en ajoutant la carotte, le céleri, les échalotes, l'ail, un brin de thym, un brin de romarin et une feuille de laurier. Laissez colorer pendant 5 minutes, dégraissez la sauteuse, puis déglacez-la avec le vin blanc et l'eau. Laissez cuire pendant 30 minutes sur feu doux. Passez au chinois, rectifiez l'assaisonnement. Réservez.

■ Nettoyez les cèpes, coupez-les en dès et faites-les sauter dans l'huile d'olive. Assaisonnez et réservez.

■ Dans une sauteuse, faites dorer légèrement l'oignon dans l'huile d'olive. Ajoutez le riz rond et mouillez à hauteur avec le bouillon de poule. Laissez cuire pendant 18 minutes en ajoutant un peu de bouillon de poule si nécessaire et en remuant avec une spatule en bois. Incorporez délicatement le beurre en pommade et un filet d'huile d'olive. Mélangez avec les cèpes et rectifiez l'assaisonnement.

■ Préchauffez votre four à 180 °C (th. 6).

■ Salez et poivrez les morceaux de coquelet. Faites-les revenir de chaque côté dans l'huile d'olive pendant 3 à 4 minutes. Réservez les filets au chaud. Badigeonnez les cuisses de moutarde et faites-les cuire au four pendant 5 minutes.

■ Étalez de fines couches de risotto sur les assiettes de service, disposez par-dessus les filets de coquelet et versez le jus tout autour. Servez à part les cuisses rôties accompagnées d'une salade de mâche.

PAPILLOTE DE COQUELET AUX HERBES FRAÎCHES

Pour 4 personnes

Ingrédients

4 coquelets
400 g de courgettes
2 tomates
1 bulbe de fenouil
1 oignon
1 gousse d'ail
1 brin de thym
1 feuille de laurier
1/4 de bouquet d'estragon
1/4 de bouquet de cerfeuil
1/4 de bouquet de ciboulette
1/4 de bouquet de persil plat
15 cl d'huile d'olive
Fleur de sel
Poivre du moulin

- Demandez à votre volailler de couper les coquelets en quatre morceaux soit deux cuisses et deux filets et désossez-les. Déposez les morceaux dans l'huile d'olive. Ajoutez la moitié de l'estragon, du cerfeuil, de la ciboulette et du persil ciselés. Salez et poivrez. Laissez mariner au réfrigérateur pendant 12 heures.

- Plongez les tomates pendant 15 secondes dans l'eau bouillante, puis passez-les immédiatement sous l'eau froide. Pelez-les et coupez-les grossièrement. Émincez le bulbe de fenouil et faites-le suer avec l'oignon émincé dans l'huile d'olive. Ajoutez la tomate, le thym et le laurier et laissez cuire sur feu doux pendant 30 minutes.

- Lavez et coupez les courgettes en gros bâtonnets et plongez-les dans l'eau bouillante salée pendant 3 minutes. Déposez-les au centre d'une feuille de papier sulfurisé ou de papier d'aluminium, posez par-dessus les morceaux de coquelet et ajoutez 1 cuillerée à soupe de tomate et de fenouil par papillote.

- Préchauffez votre four à 180 °C (th. 6).

- Saupoudrez la papillote du reste d'herbes. Assaisonnez de fleur de sel et d'un tour de moulin à poivre. Arrosez d'un filet d'huile d'olive. Fermez hermétiquement en pliant les bords et faites cuire au four pendant 20 minutes.

COQUELET MARINÉ AU PIMENT D'ESPELETTE AU BARBECUE

Pour 4 personnes

Ingrédients

4 coquelets en crapaudine
(Tours de main p. 171)
3 gousses d'ail hachées
1 pincée de piment d'Espelette
10 g de gingembre haché
1/2 de bouquet de coriandre fraîche
1 citron
1 orange
1 cuillerée à soupe de concentré de tomates
10 cl d'huile d'olive
Fleur de sel
Poivre du moulin

- Demandez à votre volailler de vous préparer les coquelets en crapaudine. Mélangez l'huile d'olive, le piment d'Espelette, le concentré de tomates, le jus de l'orange, le jus du citron, l'ail, la coriandre ciselée et le gingembre. Assaisonnez légèrement.

- Badigeonnez les coquelets de cette préparation et conservez-les au réfrigérateur pendant 24 heures. Égouttez les coquelets avant de les faire griller au barbecue.

- À défaut, préchauffez votre four à 210 °C (th. 7). Faites cuire les coquelets au four pendant 15 minutes de chaque côté. En fin de cuisson, parsemez de fleur de sel et d'un tour de moulin à poivre.

COQUELET GRILLÉ À L'AMÉRICAINE

Pour 4 personnes

Ingrédients

4 coquelets en crapaudine
(Tours de main p. 171)
4 fines tranches de poitrine fumée
500 g de pommes de terre nouvelles
4 tomates de taille moyenne
4 gros champignons de Paris
2 échalotes
1 brin d'estragon
100 g de mie de pain
2 cuillerées à soupe de moutarde
20 cl de jus de volaille
(recette p. 168)
10 cl de vin blanc
100 g de beurre
3 cl d'huile d'arachide
5 g de poivre mignonnette
Sel
Poivre du moulin

- Demandez à votre volailler de préparer les coquelets en crapaudine. Salez et poivrez. Préchauffez votre four à 180 °C (th. 6). Disposez les coquelets sur la plaque du four. Arrosez-les de beurre fondu. Enfournez pendant 10 minutes.

- Recouvrez les coquelets de moutarde, saupoudrez-les copieusement de mie de pain réduite en chapelure, puis arrosez-les de beurre fondu. Poursuivez la cuisson au four pendant 15 minutes. Réservez au chaud.

- Faites réduire le vin blanc avec l'estragon, l'échalote ciselée et le poivre mignonnette. Ajoutez le jus de volaille et faites cuire pendant 5 minutes. Montez avec 2 noisettes de beurre. Salez et poivrez. Passez au chinois et réservez au chaud.

- Pelez et lavez les pommes de terre. Taillez-les en grosses frites, faites-les sauter dans l'huile d'arachide et le beurre. Laissez cuire pendant 15 minutes environ.

- Faites rôtir les tomates sur la plaque du four avec un filet d'huile d'olive. Poêlez les tranches de poitrine fumée. Nettoyez et lavez les champignons de Paris et faites-les cuire dans une petite sauteuse avec une noisette de beurre 5 minutes environ. Salez et poivrez.

- Disposez les pommes de terre au milieu des assiettes. Disposez par-dessus un coquelet, une tomate rôtie, un champignon, puis la poitrine fumée. Versez un cordon de sauce tout autour. Servez aussitôt.

Le gibier

SUPRÊME DE FAISAN CARAMÉLISÉ AUX ÉPICES

Pour 4 personnes

Ingrédients

4 filets de faisan de 150 g avec peau
15 g de beurre
10 cl d'huile d'arachide
Sel
Poivre du moulin

Pour la choucroute de navet
1 navet long de 1 kg
1 oignon pelé
3 gousses d'ail
3 baies de genièvre
1 feuille de laurier
1 brin de thym
50 cl de bouillon de poule
(recette p. 168)
50 cl de vin blanc
3 cuillerées à soupe de graisse d'oie
Sel
Poivre du moulin

Pour le caramel épicé
300 g de miel d'acacia
3 graines de coriandre
3 grains de cardamome
3 grains d'anis étoilé
2 baies de genièvre
1 clou de girofle
3 cuillerées à soupe de vinaigre
de xérès

- Émincez l'oignon. Faites suer la graisse d'oie, puis ajoutez l'ail écrasé, le laurier, le thym, le genièvre et le vin blanc. Faites réduire de moitié, ajoutez le bouillon de poule. Laissez cuire sur feu doux pendant 15 minutes.

- Pelez le navet long et taillez-le en lanières de l'épaisseur d'une tagliatelle. Dans une casserole, faites-le suer sans laisser colorer avec 2 cuillerées à soupe de graisse d'oie pendant 10 minutes. Incorporez le navet à la précédente préparation. Rectifiez l'assaisonnement. Réservez au chaud.

- Préchauffez le four à 240 °C (th. 8).

- Salez et poivrez les filets de faisan. Dans une sauteuse allant au four, faites-les colorer dans le beurre et l'huile pendant 2 minutes côté peau. Retournez-les et faites-les cuire pendant 2 minutes de l'autre côté. Enfournez et terminez la cuisson pendant 10 minutes.

- Pendant ce temps, préparez le caramel épicé. Dans une casserole, mélangez le miel, les épices et faites cuire sur feu doux afin d'obtenir un caramel d'une belle couleur blonde. Arrêtez la cuisson en versant le vinaigre de xérès.

- Nappez les filets de faisan d'une couche de caramel aux épices et répétez l'opération plusieurs fois afin d'obtenir une fine couche bien brillante. Dressez-les sur la choucroute de navets.

FAISAN À LA CHOUCROUTE

Pour 4 personnes

- Lavez la choucroute à l'eau tiède, égouttez-la et séchez-la dans un linge. Pelez et émincez l'oignon et pelez la carotte.

- Dans une grande cocotte allant au four, faites fondre 40 g de saindoux et faites revenir l'oignon émincé. Ajoutez la choucroute, la gousse d'ail, la carotte, les baies de genièvre.

- Préchauffez votre four à 180 °C (th. 6).

- Disposez le thym, le laurier, le clou de girofle, la coriandre et le poivre blanc dans un morceau de gaze et ajoutez-le dans la cocotte. Mouillez avec le bouillon et le vin blanc. Complétez à hauteur avec de l'eau si nécessaire. Plongez la poitrine au milieu de la choucroute. Couvrez la cocotte et enfournez pendant 1 heure 15.

- Pendant ce temps, faites revenir le faisan dans le saindoux restant. Salez et poivrez. Faites-le bien colorer de chaque côté. Déposez le faisan sur la choucroute et poursuivez la cuisson pendant 1 heure.

- Pelez et lavez les pommes de terre et faites-les cuire à l'eau bouillante salée. Rectifiez l'assaisonnement de la choucroute. Servez le faisan sur un lit de choucroute et disposez les pommes de terre tout autour. Arrosez de bouillon de cuisson.

Ingrédients

1 faisan de 1,3 kg
400 g de poitrine fumée
1 kg de choucroute crue
800 g de pommes de terre à chair ferme
1 carotte
1 oignon
1 gousse d'ail écrasée
1 brin de thym
1 feuille de laurier
1 clou de girofle
8 graines de coriandre concassées
5 baies de genièvre
8 grains de poivre blanc concassés
20 cl de bouillon de poule (recette p. 168)
15 cl de vin blanc
50 g de saindoux ou graisse d'oie
Sel
Poivre du moulin

SUPRÊME DE FAISAN AU CHORIZO

Pour 4 personnes

- Écossez les haricots et disposez-les dans une cocotte. Ajoutez l'oignon, la carotte pelée, la poitrine fumée et le bouquet garni et recouvrez-les d'eau. Salez. Laissez cuire sur feu doux pendant 45 à 50 minutes. Retirez de la cocotte la carotte, l'oignon, le bouquet garni et la poitrine.

- Pelez et ciselez les petits oignons et faites-les sauter au beurre. Ajoutez les haricots légèrement égouttés et laissez compoter pendant 15 minutes. Parsemez de persil haché. Rectifiez l'assaisonnement. Ajoutez le vinaigre vieux. Réservez au chaud.

- Blanchissez les fines tranches de chorizo. Égouttez-les et épongez-les. Dorez à l'œuf une face des filets de faisan. Salez et poivrez. Disposez quatre tranches de chorizo en écaille par filet sur le côté doré à l'œuf. Réservez les quatre tranches restantes.

- Préchauffez votre four à 240 °C (th. 8).

- Dans une sauteuse allant au four, faites revenir les filets côté chorizo à l'huile d'olive pendant 10 secondes. Retournez-les et faites-les cuire pendant 10 minutes environ à feu doux puis 3 à 4 minutes au four.

- Disposez les haricots sur les assiettes, puis les filets. Décorez avec des tranches de chorizo rapidement poêlées dans l'huile d'olive. Versez un filet de sauce tout autour.

Ingrédients

4 filets de faisan de 120 g chacun
sans peau
20 tranches de chorizo coupé fin
50 g de poitrine de porc fumée
600 g de haricots tarbais frais
à écosser
1 carotte
5 oignons nouveaux
1 oignon piqué d'un clou de girofle
2 cuillerées à soupe de persil haché
1 bouquet garni (thym, laurier,
queues de persil, vert de poireau)
1 jaune d'œuf
15 cl de jus de volaille
(recette p. 168)
2 cuillerées de vinaigre vieux
125 g de beurre
10 cl d'huile d'olive
Sel
Poivre du moulin

HURE DE FOIE GRAS ET FILET DE CANARD SAUVAGE

Pour 6 personnes

Ingrédients

4 filets de canard sauvage sans peau
300 g de foie gras de canard cuit
1 botte de persil plat
1 botte de cerfeuil
1 litre de bouillon de canard
(recette p. 168)
10 feuilles de gélatine
5 cl d'huile d'arachide
Fleur de sel
Poivre du moulin

- Salez et poivrez les filets de canard. Poêlez-les à l'huile d'arachide pendant 3 minutes de chaque côté, puis réservez au réfrigérateur.

- Portez à ébullition le bouillon de canard. Faites ramollir les feuilles de gélatine dans de l'eau tiède, puis incorporez-les au bouillon. Laissez frémir 3 minutes, passez au chinois et réservez à température ambiante.

- Coupez les filets de canard et le foie gras en bâtonnets de 1 cm sur la totalité de la longueur. Hachez le persil et le cerfeuil. Chemisez le fond de la terrine avec du film alimentaire en le laissant déborder de chaque côté.

- Versez un fond de bouillon dans la terrine et disposez les morceaux de filets de canard. Roulez les bâtonnets de foie gras dans les herbes et ajoutez-les à la terrine. Renouvelez l'opération quatre fois et terminez par une couche de filets de canard. Recouvrez l'ensemble du reste de bouillon de canard. Rabattez le film et laissez reposer au réfrigérateur pendant 4 heures environ.

- Vous pouvez accompagner cette hure d'une salade verte parsemée de noix et assaisonnée d'une vinaigrette à l'huile de truffe.

PITHIVIERS DE COLVERT

Pour 8 personnes

■ Hachez la chair de colvert et la gorge de porc à la grosse grille. Faites-les mariner dans le vin blanc, le cognac, le thym et le laurier pendant 12 heures au réfrigérateur.

■ Coupez le lard gras en petits morceaux. Poêlez-les afin de faire fondre la graisse. Réservez la moitié de cette graisse. Dans la même poêle, dans la graisse du lard gras, saisissez les foies de volaille juste rosés . Ajoutez les échalotes et le persil. Salez et poivrez. Mixez les foies et montez le mélange avec la graisse de lard fondue restante. Réservez au réfrigérateur.

■ Coupez le foie gras de canard en petits dés. Réservez au réfrigérateur. Nettoyez et lavez les champignons de Paris, coupez-les également en petits dés et faites-les sauter dans le beurre. Salez et poivrez. Réservez au réfrigérateur.

■ Dans un grand saladier, déposez la farce marinée, puis ajoutez les foies de volaille mixés, les champignons sautés et les petits dés de foie gras. Incorporez les œufs. Rectifiez l'assaisonnement si nécessaire.

■ Étalez la pâte feuilletée afin d'obtenir deux disques, l'un de 30 cm de diamètre et l'autre de 35 cm. Étalez la farce sur le petit disque à 5 cm du bord. Posez le deuxième disque dessus. Fermez hermétiquement en pressant les deux disques l'un sur l'autre.

■ Préchauffez votre four à 180 °C (th. 6).

■ Badigeonnez de jaune d'œuf et décorez le pithiviers à l'aide d'un couteau en formant des arcs de cercle sur le dessus. Faites cuire au four pendant 45 minutes. Vous pouvez accompagner le pithiviers de colvert d'une salade verte.

Ingrédients

300 g de chair de colvert désossé
120 g de gorge de porc
80 g de foies de volaille
50 g de foie gras de canard cuit
60 g de lard gras
500 g de pâte feuilletée
2 œufs
1 jaune d'œuf
100 g de champignons de Paris
2 cuillerées à soupe d'échalote ciselée
1 cuillerée à soupe de persil haché
1 brin de thym
1 feuille de laurier
10 cl de vin blanc
5 cl de cognac
50 g de beurre
Sel
Poivre du moulin

CANARD SAUVAGE AUX FIGUES

Pour 4 personnes

Ingrédients

2 colverts de 900 g chacun
et leurs foies
8 figues bien mûres
2 oranges
1 carotte
1 branche de céleri
1 oignon
2 échalotes
1 bouquet garni (thym, laurier,
queues de persil, vert de poireau)
20 cl de jus de volaille
(recette p. 168)
10 cl de porto
5 cl de vinaigre de xérès
15 g de sucre semoule
40 g de beurre
10 cl d'huile d'arachide
Fleur de sel
Poivre du moulin

- Frottez les canards avec du sel et du poivre à l'intérieur et à l'extérieur. Pelez et taillez en petits cubes la carotte, l'oignon, les échalotes et la branche de céleri. Réservez.

- Préchauffez le four à 180 °C (th. 6).

- Dans une cocotte, saisissez les canards avec l'huile sous toutes ses faces jusqu'à l'obtention d'une belle coloration dorée. Enfournez les canards et faites-les rôtir pendant 35 minutes environ.

- Mixez les foies de canard en purée, incorporez 20 g de beurre et écrasez à travers un tamis. Réservez.

- Quand les canards sont cuits, sortez-les de la cocotte. Réservez-les au chaud. Passez le jus de cuisson et dégraissez.

- Faites revenir la carotte, l'oignon, les échalotes et le céleri dans la cocotte de cuisson des canards, ajoutez le bouquet garni et laissez compoter pendant 10 minutes. Déglacez avec le porto et le jus de volaille. Ajoutez le jus de cuisson et laissez réduire légèrement.

- Pendant ce temps, faites caraméliser le sucre semoule avec le vinaigre pendant 2 à 3 minutes. Déglacez avec le jus d'orange. Incorporez ce mélange à la sauce. Passez au chinois et rectifiez l'assaisonnement. Ajoutez les foies réduits en purée pour finir la liaison. Réservez au chaud.

- Coupez les figues en deux, faites-les rôtir légèrement avec une noisette de beurre. Salez et poivrez. Coupez les canards et servez-les avec les figues rôties et la sauce à part.

PERDREAU AUX COINGS

Pour 4 personnes

- Salez et poivrez les perdreaux. Glissez le thym et la sarriette à l'intérieur et fermez l'ouverture avec un cure-dent en bois. Faites chauffer l'huile dans une cocotte et saisissez les perdreaux sur toutes les faces.

- Mouillez avec le jus d'orange, laissez réduire de moitié, puis versez le vinaigre balsamique et 15 cl de jus de volaille. Braisez à couvert sur feu moyen pendant 20 minutes. Ajoutez de temps en temps le jus de volaille restant.

- Pendant ce temps, pelez les coings et coupez-les en gros dés. Faites-les cuire à l'eau bouillante citronnée et safranée pendant 15 minutes. Égouttez-les, puis faites-les revenir dans une poêle à revêtement antiadhésif avec 20 g de beurre. Réservez au chaud.

- Ôtez les perdreaux de la cocotte et montez le jus de cuisson avec le beurre restant. Passez au mixeur afin d'obtenir une sauce bien lisse. Déposez les dés de coings au fond du plat de service, puis les perdreaux. Versez de la sauce tout autour. Assaisonnez de fleur de sel et d'un tour de poivre du moulin.

Ingrédients

4 perdreaux de 300 g chacun
2 coings
1 citron
1 g de safran
4 brins de thym
4 brins de sarriette
25 cl de jus de volaille
(recette p. 168)
15 cl de jus d'orange
5 cl de vinaigre balsamique
60 g de beurre
10 cl d'huile d'arachide
Fleur de sel
Poivre du moulin

GOURMANDS DE CUISSES DE FAISAN

Pour 4 personnes

- Demandez à votre volailler de désosser les cuisses de faisan et de hacher la chair de faisan et la gorge de porc à la grosse grille.

- Coupez le lard gras en petits morceaux. Poêlez-les afin de fondre la graisse. Réservez la moitié de cette graisse. Dans la même poêle, et le reste de graisse, saisissez les foies de faisan juste rosés. Ajoutez les échalotes et le persil. Salez et poivrez. Mixez les foies et montez le mélange avec le reste de graisse de lard fondue. Réservez au réfrigérateur.

- Nettoyez et lavez les champignons de Paris, coupez-les en petits dés et faites-les sauter dans le beurre. Salez et poivrez. Réservez au réfrigérateur. Dans un grand saladier, déposez la farce, puis ajoutez les foies de faisan mixés et les champignons sautés. Incorporez les œufs. Rectifiez l'assaisonnement si nécessaire.

- Déposez les cuisses à plat et farcissez-les avec 50 g de farce. Rabattez la chair par-dessus et ficelez les cuisses comme pour des paupiettes.

- Dans une cocotte, faites revenir les cuisses de chaque côté dans l'huile d'arachide et 10 g de beurre. Salez et poivrez. Ajoutez l'oignon, la carotte, la gousse d'ail, le thym, le laurier et laissez mijoter pendant 10 minutes. Dégraissez légèrement et déglacez avec le vin blanc et la moitié du jus de volaille. Laissez cuire sur feu doux pendant 40 minutes.

- Pelez et lavez les pommes de terre et les topinambours. Taillez-les en gros cubes. Dans une grande poêle avec 20 g de beurre, faites sauter les pommes de terre et les topinambours afin d'obtenir une coloration bien uniforme, ajoutez le reste du jus de volaille. Laissez mijoter pendant 10 minutes.

- Pelez les petits oignons et faites-les cuire avec le reste du beurre et 10 cl d'eau pendant 7 à 8 minutes. Ajoutez-les aux pommes de terre et aux topinambours. Rectifiez l'assaisonnement et réservez au chaud. Retirez les cuisses de faisan et passez le fond de cuisson au chinois. Retirez les ficelles des cuisses.

- Déposez les cuisses au milieu des assiettes et ajoutez les légumes tout autour. Nappez de sauce. Arrosez d'un filet d'huile d'olive. Assaisonnez de fleur de sel et d'un tour de poivre du moulin.

Ingrédients

4 cuisses de faisan
500 g de pommes de terre à chair ferme
400 g de topinambours
1 carotte
1 botte d'oignons nouveaux
1 oignon
1 gousse d'ail écrasée
5 queues de persil
1 brin de thym
1 feuille de laurier
40 cl de jus de volaille (recette p. 168)
10 cl de vin blanc
50 g de beurre
5 cl d'huile d'olive
5 cl d'huile d'arachide
Fleur de sel
Poivre du moulin

Pour la farce

80 g de chair de faisan
2 foies de faisan
40 g de gorge de porc
30 g de lard gras
2 œufs
50 g de champignons de Paris
2 cuillerées à soupe d'échalote ciselée
1 cuillerée à soupe de persil haché
50 g de beurre

CANARD SAUVAGE RÔTI AUX DEUX POIRES

Pour 4 personnes

- Pelez les poires. Immergez 2 poires dans le vin rouge. Ajoutez 2 zestes d'orange, 1 zeste de citron, 1 grain d'anis étoilé, 3 baies de genièvre, la moitié du bâtonnet de cannelle et les sachets de thé.
- Immergez les 2 autres poires dans le vin blanc et procédez de la même façon avec le reste des ingrédients utilisés pour les poires au vin rouge.
- Laissez mariner pendant 6 heures au réfrigérateur.
- Préchauffez le four à 210 °C (th. 7).
- Salez et poivrez les canards à l'intérieur et à l'extérieur. Dans une cocotte, saisissez les canards sur feu vif dans l'huile chaude jusqu'à l'obtention d'une belle coloration.
- Dégraissez et badigeonnez les canards avec 50 g de beurre. Enfournez-les pendant 35 minutes en les arrosant régulièrement.

Ingrédients

2 canards sauvages de 1 kg chacun
4 poires
4 zestes d'orange
1 cuillerée à café de gelée
de groseille
2 sachets de thé Darjeeling
2 zestes de citron
6 baies de genièvre
2 grains d'anis étoilé
1 bâton de cannelle
25 cl de vin blanc
25 cl de vin rouge
25 cl de bouillon de canard
(recette p. 168)
3 cuillerées à café de vinaigre
de cidre
10 cl d'huile d'arachide
75 g de beurre
Fleur de sel
Poivre du moulin

- Pendant ce temps, faites cuire les poires marinées dans des casseroles séparées sur feu doux pendant 15 minutes. Réservez au chaud.

- Dégraissez légèrement la cocotte de cuisson des canards. Déglacez-la avec le vinaigre. Ajoutez la gelée de groseille et le bouillon de canard. Laissez réduire pendant 5 minutes. Versez 10 cl de jus de cuisson de poires au vin rouge. Laissez réduire à nouveau pendant 10 minutes sur feu doux. Ajoutez le reste de beurre, passez au chinois et réservez au chaud.

- Coupez les poires en deux, disposez-les autour des canards et nappez légèrement de sauce.

- Vous pouvez accompagner ce plat de polenta cuite au lait, coupée en carrés et poêlée au beurre.

Les œufs

OMELETTE NORVÉGIENNE

Pour 4 personnes

Ingrédients

Pour la génoise
4 œufs
250 cl de glace à la vanille
100 g de farine
25 g de fécule de maïs
50 g de beurre fondu
125 g de sucre semoule

Pour le sirop
3 cl de liqueur de Grand Marnier
5 cl d'eau
50 g de sucre semoule

Pour la meringue
4 blancs d'œufs
2 jaunes d'œufs
200 g de sucre semoule

- Préparez la génoise. Dans la cuve d'un batteur, mélangez les œufs et le sucre semoule. Fouettez-les jusqu'à ce que le mélange blanchisse, puis ajoutez la farine et la fécule de maïs préalablement tamisées. Prélevez la moitié de la pâte et ajoutez le beurre fondu. Versez sur la préparation restante et mélangez.

- Préchauffez votre four à 180 °C (th. 6).

- Beurrez et farinez un moule à génoise. Versez-y la pâte et faites cuire pendant 40 minutes. Réservez au réfrigérateur.

- Préparez le sirop. Portez à ébullition le sucre semoule, l'eau et la liqueur de Grand Marnier.

- Coupez la génoise en deux. Imbibez de sirop les deux faces intérieures. Étalez la glace à la vanille sur une moitié et disposez l'autre par-dessus. Réservez au congélateur.

- Préparez la meringue. Montez les blancs d'œufs avec le sucre, puis ajoutez les deux jaunes d'œufs. Étalez cette meringue sur la génoise en lui donnant la forme d'un dôme.

- Préchauffez votre four à 210 °C (th. 7). Enfournez pendant 2 à 3 minutes afin d'obtenir une belle coloration.

TARTE AU CHOCOLAT

Pour 4 personnes

Ingrédients

75 g de chocolat à 70 % de cacao
2 jaunes d'œufs
2 œufs
7,5 cl de crème liquide
50 g de sucre semoule
Cacao amer en poudre

Pour la pâte

1 œuf
125 g de farine
2 g d'extrait de café
115 g de beurre en pommade
65 g de sucre glace

- Préparez la pâte. Dans un grand saladier, mélangez le beurre en pommade, l'œuf, le sucre glace et l'extrait de café. Ajoutez délicatement la farine, puis laissez reposer 1 heure au réfrigérateur.

- Préchauffez votre four à 180 °C (th. 6).

- Étalez la pâte et disposez-la dans un moule. Piquez le fond et faites cuire à blanc pendant 5 minutes.

- Hachez le chocolat avec un couteau ou dans un robot. Mélangez les œufs, les jaunes d'œufs et le sucre au batteur de façon à obtenir une préparation bien blanche. Faites chauffer la crème liquide et versez-la sur le chocolat haché. Mélangez les deux préparations.

- Versez ce mélange sur le fond de tarte. Faites cuire au four pendant 7 minutes. Laissez reposer pendant 1 heure à température ambiante. Saupoudrez de cacao. Servez.

CRÈME BRÛLÉE À LA TRUFFE

Pour 4 personnes

Ingrédients

20 cl de lait
1 gousse de vanille
5 jaunes d'œufs
8 g de truffe hachée
30 cl de crème liquide
100 g de sucre cassonade

- Faites bouillir le lait avec la gousse de vanille fendue en deux et la truffe hachée. Mélangez les jaunes d'œufs avec le sucre jusqu'à ce que le mélange blanchisse.

- Ôtez la gousse de vanille du lait bouillant. Versez-le sur les jaunes d'œufs, remuez et remettez sur le feu doux pendant 2 minutes (la préparation ne doit pas bouillir). Ajoutez la crème liquide. Réservez au réfrigérateur.

- Grattez l'intérieur de la gousse de vanille pour récupérer les graines. Incorporez-les à la préparation précédente.

- Préchauffez votre four à 80-100 °C (th. 2-3).

- Versez la préparation dans 4 petits moules et faites cuire au four pendant 40 minutes (la crème ne doit pas bouillir). Saupoudrez la surface des moules de cassonade et faites caraméliser sous le gril du four.

ŒUFS RÔTIS À LA MIE DE PAIN

Pour 4 personnes

Ingrédients

8 œufs
20 g de truffes hachées
100 g de mâche
80 g de chapelure
4 tranches de pain de mie
60 g de beurre
10 cl de vinaigre d'alcool blanc
1 cuillerée à soupe d'huile de truffe
3 cuillerées à soupe d'huile d'olive
2 cuillerées à soupe de vinaigre de vin vieux
Fleur de sel
Poivre du moulin

- Portez à ébullition 1,5 litre d'eau et le vinaigre d'alcool blanc. Plongez-y les œufs et faites-les cuire pendant 5 minutes 30 dans l'eau bouillante. Rafraîchissez-les, écalez-les et réservez-les dans l'eau froide.

- Mélangez 20 g de beurre et la truffe hachée dans un bol. Toastez les tranches de pain de mie, étalez le beurre de truffe par-dessus et coupez les tranches en mouillettes, puis disposez-les sur une assiette.

- Faites fondre le reste de beurre dans une poêle. Ajoutez les œufs pour les réchauffer. Saupoudrez de chapelure, puis enveloppez les œufs de cette chapelure et de beurre fondu.

- Disposez les œufs sur une assiette et parsemez de fleur de sel et de poivre du moulin. Servez avec une salade de mâche assaisonnée avec le vieux vinaigre, l'huile de truffe et l'huile d'olive.

PETITS POTS DE CRÈME AU CHOCOLAT

Pour 4 personnes

- Mélangez les jaunes d'œufs et le sucre semoule. Faites bouillir le lait et la crème. Versez ce mélange sur la préparation et remettez à cuire pendant 2 à 3 minutes comme pour une crème anglaise (la préparation ne doit pas bouillir).

- Hachez le chocolat avec un couteau ou dans un robot. Versez la crème sur le chocolat haché, mélangez bien et moulez dans des ramequins. Laissez refroidir pendant 3 heures avant de servir.

Ingrédients

4 jaunes d'œufs
300 g de chocolat à 70 % de cacao
25 cl de crème liquide
25 cl de lait
80 g de sucre semoule

ŒUFS MIMOSA ET FILETS DE THON

Pour 4 personnes

Ingrédients

8 œufs
100 g de filets de thon à l'huile en boîte (parpadelle)
2 cuillerées à soupe de persil haché
1 cuillerée à soupe de ciboulette ciselée
1 cuillerée à soupe d'estragon haché
1 brin de cerfeuil
50 g de mesclun

Pour la mayonnaise

1 jaune d'œuf
1 cuillerée à soupe de moutarde
20 cl d'huile de pépins de raisin
1 filet de vinaigre de xérès
Sel
Poivre du moulin

- Faites cuire les œufs dans l'eau bouillante pendant 10 minutes. Rafraîchissez-les, égouttez-les et écalez-les.
- Préparez la mayonnaise. Dans un bol, mélangez vivement en les incorporant, dans l'ordre, la moutarde, le sel, le poivre et le jaune d'œuf. Faites-la monter avec l'huile de pépins de raisin, ajoutez le vinaigre. Salez et poivrez. Réservez au réfrigérateur.
- Coupez les œufs durs en deux. Prélevez les jaunes et passez-les au tamis. Liez avec 3 cuillerées à soupe de mayonnaise. Ajoutez les herbes. Salez et poivrez. Farcissez les blancs d'œufs avec la garniture mimosa. Disposez-les sur un lit de mesclun, puis ajoutez les filets de thon à l'huile. Parsemez de pluches de cerfeuil. Servez avec le reste de mayonnaise à part.

ŒUFS MOLLETS EN MEURETTE

Pour 4 personnes

Ingrédients

8 œufs
50 g de poitrine fumée
80 g de champignons de Paris
8 pointes d'asperges
8 oignons nouveaux
10 cl de vinaigre d'alcool blanc
80 g de beurre
Fleur de sel
Poivre du moulin

Pour la sauce meurette
2 champignons de Paris
2 échalotes
2 brins de thym
1 feuille de laurier
1 litre de vin rouge
25 cl de jus de volaille
(recette p. 168)
50 g de beurre

- Portez à ébullition 1,5 litre d'eau et le vinaigre d'alcool blanc. Plongez-y les œufs et faites-les cuire pendant 6 minutes. Rafraîchissez-les, écalez-les et réservez-les dans l'eau froide.

- Préparez la sauce meurette. Pelez et ciselez les échalotes. Nettoyez et émincez les champignons. Dans une sauteuse, faites suer les échalotes et les champignons avec 10 g de beurre pendant 4 à 5 minutes. Déglacez avec le vin rouge, puis ajoutez le thym et le laurier. Réduisez aux 3/4, mouillez avec le jus de volaille. Laissez cuire sur feu doux pendant 10 minutes environ jusqu'à l'obtention d'une sauce sirupeuse. Passez au chinois, ajoutez le reste de beurre. Rectifiez l'assaisonnement. Réservez au chaud.

- Coupez la poitrine en petits lardons. Faites-les blanchir dans l'eau bouillante. Nettoyez et coupez les champignons de Paris en quartiers. Dans une petite sauteuse, faites-les cuire dans 20 g de beurre.

- Épluchez les pointes d'asperges et faites-les cuire dans l'eau bouillante pendant 10 minutes environ. Pelez et lavez les petits oignons. Dans une poêle, faites-les sauter avec le reste de beurre. Salez et poivrez. Ajoutez les champignons de Paris et les lardons. Laissez compoter pendant 2 minutes, puis ajoutez les pointes d'asperges. Déglacez avec la sauce meurette.

- Déposez délicatement les œufs dans une casserole d'eau bouillante pendant 1 minute pour les réchauffer. Servez-les au centre des assiettes, nappés de sauce meurette. Assaisonnez de fleur de sel et d'un tour de moulin à poivre.

ŒUFS BROUILLÉS AUX MORILLES

Pour 4 personnes

Ingrédients

8 œufs
150 g de morilles
1 échalote ciselée
1/4 de bouquet de ciboulette ciselée
20 g de parmesan
1 tranche de pain de mie
15 cl de jus de volaille
(recette p. 168)
40 g de crème liquide
80 g de beurre
5 cl de beurre clarifié
(voir page 74)
Fleur de sel
Poivre du moulin

- Nettoyez les morilles, lavez-les à grande eau et égouttez-les. Faites-les sauter au beurre et ajoutez l'échalote ciselée. Assaisonnez et réservez au chaud.

- Taillez le pain de mie en petits cubes et poêlez-les au beurre clarifié puis égouttez. Réalisez des copeaux de parmesan à l'aide d'un couteau économe. Réservez.

- Dans un saladier, cassez et battez les œufs. Salez et poivrez. Dans une sauteuse, faites-les cuire avec 20 g de beurre pendant 3 à 4 minutes jusqu'à l'obtention d'un mélange granuleux. Hors du feu, incorporez le reste du beurre et mixez l'ensemble. Incorporez la crème liquide. Rectifiez l'assaisonnement. Le mélange doit être lisse et homogène.

- Repartissez cette mousseline dans des assiettes creuses, parsemez de morilles, de croûtons, de copeaux de parmesan et de ciboulette. Répartissez le jus de volaille chaud tout autour. Assaisonnez de fleur de sel et d'un tour de moulin à poivre.

ŒUFS AU CAVIAR DE HARENG

Pour 4 personnes

Ingrédients

8 gros œufs
30 g de caviar de hareng
10 cl de crème liquide
30 g de beurre
Sel fin
Poivre du moulin

- Réservez les alvéoles d'emballage des œufs. Décalottez les œufs à l'aide d'un coupe œuf. Videz-les en séparant délicatement les blancs des jaunes, nettoyez les coquilles avec précaution et séchez-les.
- Beurrez délicatement l'intérieur des coquilles à l'aide d'un pinceau. Dans chaque coquille, déposez délicatement un jaune et 2 cuillerées à soupe de blanc. Salez et poivrez. Déposez les œufs dans leur emballage en carton.
- Préchauffez votre four à 270 °C (th. 9).
- Fouettez la crème liquide très froide afin d'obtenir une chantilly. Salez et poivrez. Réservez. Faites cuire les œufs posés dans les alvéoles au four dans un bain-marie pendant 3 à 4 minutes.
- Placez les œufs dans des coquetiers. Garnissez-les de crème fouettée et déposez par-dessus le caviar de hareng. Servez avec des mouillettes de pain de campagne toastées.

L'OMELETTE DU DIMANCHE SOIR

Pour 4 personnes

Ingrédients

8 œufs
2 cuillerées à soupe de persil haché
1 gousse d'ail hachée
2 tranches de pain de mie
80 g de beurre
Fleur de sel
Poivre du moulin

Pour la garniture
50 g de poitrine fumée
300 g de petits pois frais écossés
3 oignons nouveaux
20 cl de bouillon de poule
(recette p. 168)
40 g de beurre

- Faites blanchir les petits pois dans l'eau bouillante salée pendant 5 minutes, égouttez-les et rafraîchissez-les. Pelez et émincez les oignons nouveaux.

- Coupez la poitrine en petits dés. Faites suer les oignons nouveaux dans le beurre sans laisser colorer. Ajoutez la poitrine fumée et laissez compoter pendant 2 minutes. Versez les petits pois, puis laissez mijoter 5 minutes. Mouillez avec le bouillon de poule. Rectifiez l'assaisonnement. Réservez au chaud.

- Coupez les tranches de pain de mie en petits croûtons. Mélangez-les avec les œufs battus, le persil et l'ail. Salez et poivrez.

- Dans une poêle à blinis, faites cuire 8 petites omelettes au beurre en les retournant à mi-cuisson. Dressez les petits pois dans un plat creux et ajoutez les petites omelettes. Parsemez de fleur de sel et de poivre du moulin.

Bouillons, jus et tours de main

BOUILLON DE POULE - BOUILLON DE CANARD*

Pour 350 cl de bouillon que vous réaliserez avec du canard

Ingrédients

1 poule ou 1 canard
5 litres d'eau
2 kg d'abattis de poule (cous, ailerons)
2 carottes
1 branche de céleri
1 oignon
3 gousses d'ail
1 bouquet garni (thym, laurier, queues de persil, vert de poireau)
1 clou de girofle
15 g de gros sel

- Pelez l'oignon, l'ail et les carottes et lavez le céleri.
- Déposez la poule et les abattis dans une grande marmite remplie des 5 litres d'eau et portez à ébullition.
- Écumez et ajoutez les carottes, l'oignon piqué du clou de girofle, l'ail, le bouquet garni et le gros sel. Laissez cuire sur feu doux pendant 2 heures en dégraissant régulièrement. Ôtez la poule et passez le bouillon au chinois.

Vous pouvez réduire le bouillon sur feu doux jusqu'à obtention d'un litre de bouillon et le congeler en utilisant des bacs à glaçons. Vous utiliserez ces cubes en les reconstituant dans l'eau.

JUS DE VOLAILLE

Pour 40 cl

Ingrédients

2 kg d'abattis de volaille (ailerons)
1 oignon
6 échalotes
4 gousses d'ail
3 branches de thym
1 feuille de laurier
1 queue de persil
10 cl de vin blanc
1 cl d'huile d'arachide
2 g de poivre concassé
2 litres d'eau
Sel

- Pelez les échalotes et l'oignon et taillez-les en gros cubes. Concassez les ailerons de volaille et colorez-les à l'huile dans une sauteuse. Ôtez les ailerons de la sauteuse et faites suer les légumes à leur place sur feu doux pendant 5 minutes en remuant.
- Remettez les ailerons dans la sauteuse, puis ajoutez le thym, le laurier, le persil, l'ail et le poivre concassé. Déglacez au vin blanc et versez 2 litres d'eau froide. Laissez cuire pendant 30 minutes en écumant régulièrement.
- Passez au chinois et laissez réduire en continuant à écumer afin d'obtenir 40 cl de jus. Rectifiez l'assaisonnement si nécessaire.

Vous pouvez, si vous le désirez, doubler les quantités et congeler le surplus de jus.

JUS DE CANARD

Pour 40 cl

Ingrédients

2 kg d'abattis de canard concassés (cous, ailerons et éventuellement carcasses)
100 g de champignons de Paris
2 carottes
1 oignon
4 échalotes
3 gousses d'ail
1 bouquet garni (thym, laurier, queues de persil, vert de poireau)
10 cl de vin rouge
5 cl d'huile d'olive
2 litres d'eau
Sel
Poivre concassé

■ Pelez l'oignon, les carottes et les échalotes et taillez-les en gros cubes. Lavez et émincez les champignons. Faites chauffer l'huile d'olive dans une sauteuse sur feu vif. Colorez les abattis sur feu doux sans cesser de remuer pour éviter de brûler les sucs. Ajoutez les légumes et laissez suer.

■ Déglacez au vin rouge, puis ajoutez 2 litres d'eau froide, le poivre, l'ail et le bouquet garni. Portez à ébullition, écumez et laissez cuire pendant 30 minutes.

■ Passez au chinois et laissez réduire en écumant régulièrement afin d'obtenir 40 cl de jus. Rectifiez l'assaisonnement si nécessaire.

Vous pouvez, si vous le désirez, doubler les quantités et congeler le surplus de jus.

VINAIGRETTE DE XÉRÈS

Pour 4 personnes

Ingrédients

1/2 cuillerée à soupe de moutarde forte
4 cl de vinaigre de xérès
30 cl d'huile d'arachide
Sel
Poivre du moulin

■ Mélangez la moutarde avec le vinaigre de xérès. Salez et poivrez. Montez à l'huile d'arachide. Rectifiez l'assaisonnement.

TOURS DE MAIN

Pour lever les filets avec os

1 Dégagez tout d'abord le bréchet en passant la lame du couteau de chaque côté, ce qui facilitera la découpe des filets.

2 Découpez ensuite chacune des cuisses.

3 Coupez la partie de la carcasse où était accrochée la cuisse et passez sous l'aile pour dégager le suprême avec os.

4 Retournez la volaille et coupez en 2 le coffre pour dégager les suprêmes.

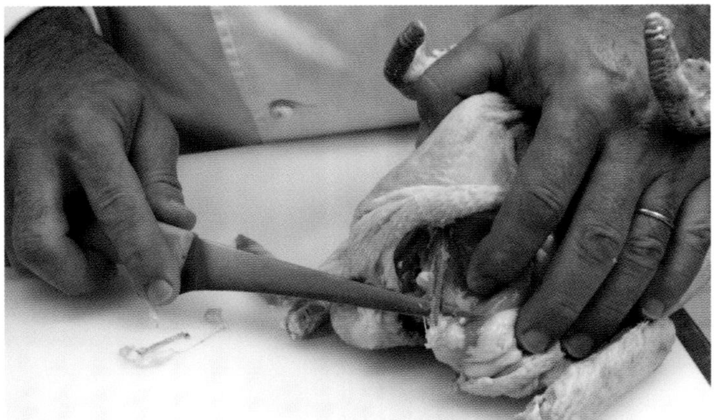

1

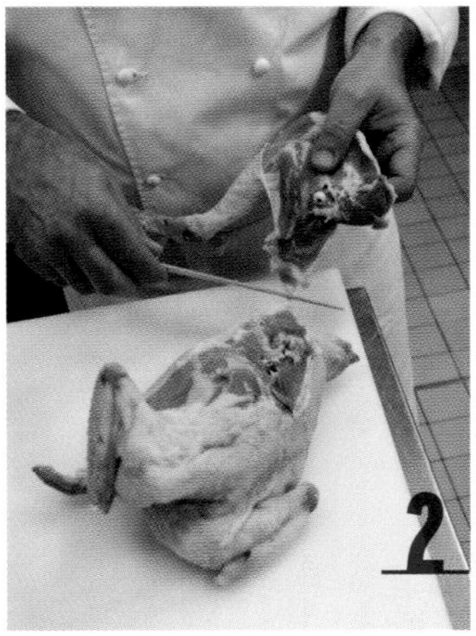

2

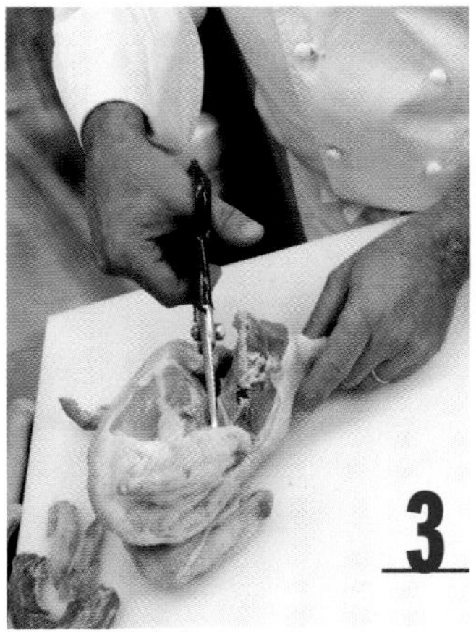

3

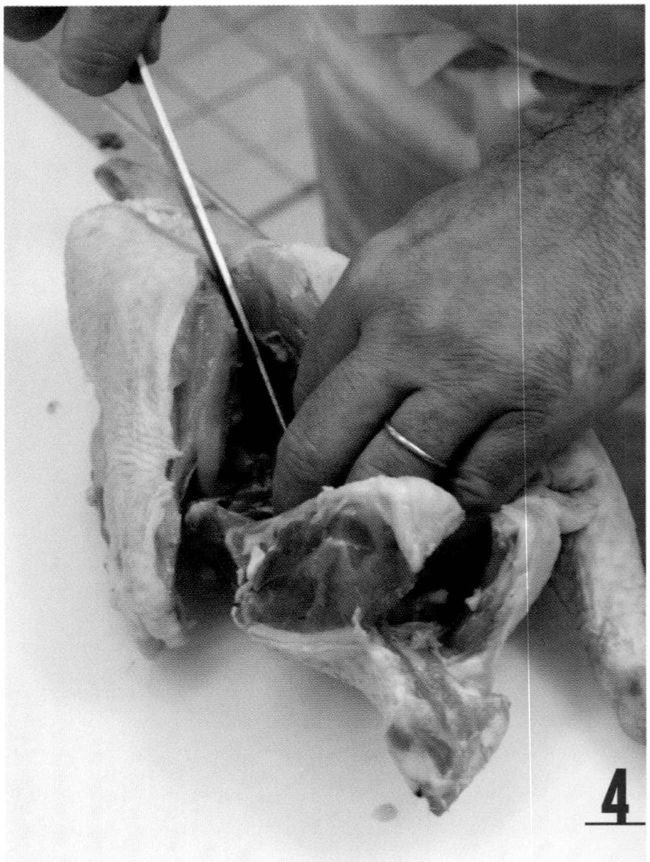

4

Pigeon en crapaudine (volaille aplatie en forme de crapaud)

La colonne vertébrale, les côtes et le bréchet ont été enlevés. L'exercice reste délicat, mais votre volailler le réalisera sans problème.

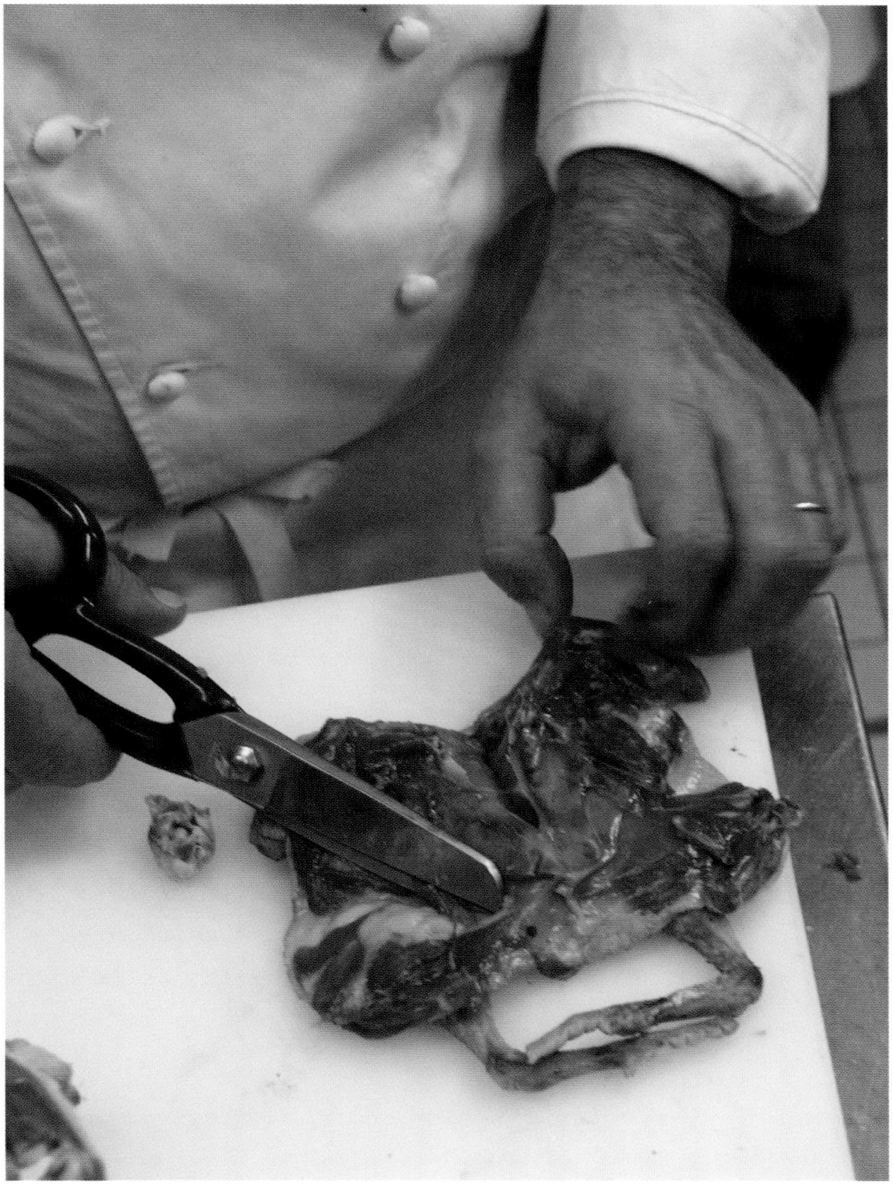

Index

SHOPPING

Bachelier
18, rue Paul Bert – 93400 Saint Ouen
pour les pages : 17-19-22-25-32-35-
36-65-71-77-87-91-116-139

Hye Yong Kim Mah
Passage du cheval blanc
2, rue de la Roquette – 75011 Paris
pour les pages 14-35-40-44-50-54-58-95-129-162

Louisélio
14, rue Chabanais – 75002 Paris
pour les pages 17-22-25-26-53-54-58-91-102-
126-145-156-161

Jeannine Cros
11, rue d'Assas – 75006 Paris
pour les pages 32-40-53-58-74

C.F.O.C.
170, Bld Haussman – 75008 Paris
pour les pages 77-106-136

Astier de Villatte
173, rue Saint Honoré – 75001 Paris
pour la page 74

Atelier LZC – Vanessa Lambert
102, Bld Arago – 75014 Paris
pour la page 105

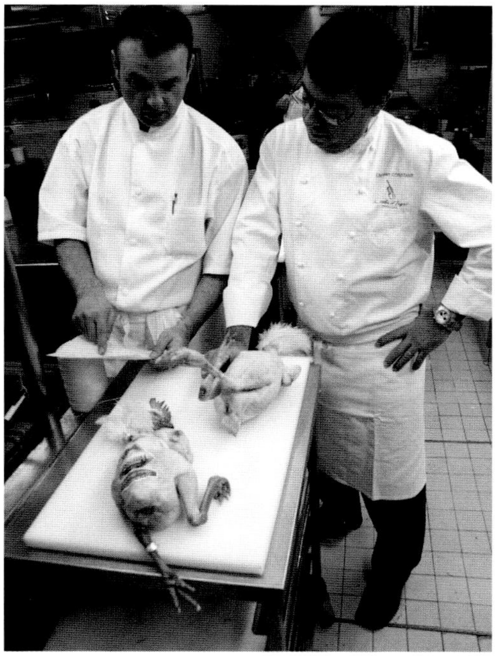

REMERCIEMENTS

A Philippe Dubreuil et Stéphane Schmidt, pour leur totale implication dans cet ouvrage.

A la brigade du Violon d'Ingres, Yenofa Arangoits, Jimmy Marco Tsaramanana et Alexandre Navarro pour leur dévouement.

Sans oublier, Sylvie Désormière, Barbara Sabatier et Pierre Cabannes, notre photographe, pour leurs talents et leur patience.

Photogravure Quadrilaser 45140 Ormes
Achevé d'imprimer en septembre 2002
sur les presses de l'imprimerie Artes Graficas, à Tolède
ISBN : 2-8307-0672-2
Dépôt légal : octobre 2002
Imprimé en Espagne